Rund um Zeitungen

Kopiervorlagen für den Deutschunterricht

Herausgegeben von
Ute Fenske

Erarbeitet von
Ute Fenske, Heinz Gierlich
und Christian Rühle

Redaktion: Dirk Held, Berlin
Bildrecherche: Angelika Wagener

Illustrationen: Maja Bohn, Berlin
Umschlaggestaltung: Katrin Nehm
Technische Umsetzung: Uwe Rogal, Berlin

www.cornelsen.de

Die Internetadressen und -dateien, die in diesem Lehrwerk angegeben sind,
wurden vor Drucklegung geprüft. Der Verlag übernimmt keine Gewähr
für die Aktualität und den Inhalt dieser Adressen und Dateien oder solcher,
die mit ihnen verlinkt sind.

1. Auflage, 1. Druck 2009

© 2009 Cornelsen Verlag, Berlin

Das Werk und seine Teile sind urheberrechtlich geschützt.
Jede Nutzung in anderen als den gesetzlich zugelassenen Fällen bedarf
der vorherigen schriftlichen Einwilligung des Verlages.
Hinweis zu den §§ 46, 52 a UrhG: Weder das Werk noch seine Teile dürfen ohne eine
solche Einwilligung eingescannt und in ein Netzwerk eingestellt oder sonst öffentlich
zugänglich gemacht werden.
Dies gilt auch für Intranets von Schulen und sonstigen Bildungseinrichtungen.
Die Kopiervorlagen dürfen für den eigenen Unterrichtsgebrauch
in der jeweils benötigten Anzahl vervielfältigt werden.

Druck: H. Heenemann, Berlin

ISBN 978-3-464-60000-9

 Inhalt gedruckt auf säurefreiem Papier aus nachhaltiger Forstwirtschaft.

Inhaltsverzeichnis

Vorwort und methodische Hinweise

Auch wenn heute Informationen immer mehr über digitale Medien wie Handy und Internet vermittelt werden, bleibt die Zeitung das Leitmedium. Umfragen belegen, dass viele Jugendliche – allen gegenteiligen Behauptungen und Annahmen zum Trotz – regelmäßig Zeitung lesen. Die Jugendlichen schätzen dabei besonders die Glaubwürdigkeit dieses Mediums hoch ein.

Nie war es für die Schülerinnen und Schüler so leicht wie heute, an Informationen zu kommen. Doch diese Informationsfülle kann auch überfordern: Welche Nachricht ist beachtenswert? Welcher Information kann man trauen? Wie geht man mit unterschiedlichen, sich eventuell sogar widersprechenden Meldungen um? Gerade in den Zeiten der Informationsflut brauchen Schülerinnen und Schüler Anleitung für die Auswahl, die Aufnahme, das Verstehen und das Weiterverarbeiten von Informationen. Sie müssen lernen, wie sie wichtige und unwichtige Nachrichten voneinander unterscheiden können, woran sie Information, persönliche Meinung und Kommentar erkennen, wie sie Aussagen verschiedener Text- und Bildquellen miteinander in Zusammenhang bringen und verarbeiten können.

Im Deutschunterricht werden im Umgang mit Zeitungstexten Schlüsselqualifiktionen vermittelt, die in allen anderen Schulfächern benötigt werden und die auch wichtige Grundlagen sind für die späteren Berufe oder das Studium. Schülerinnen und Schüler sollen vor allem dazu angeleitet werden, Strategien zu entwickeln, mit denen sie auch schwierige Texte entschlüsseln und verstehen können. Ziel ist es, dass die Lesemotivation bei den Jugendlichen so ausgebildet wird, dass sie nachhaltig ist und dass gelernt wird, dass die Freude nicht im schnellen Konsumieren von Texten, sondern erst im Verstehen besteht.

Das Heft „**Rund um Zeitungen**" bietet eine Fülle von Anregungen dafür, wie man Schüler an das Lesen von Zeitungstexten heranführen kann. Zu zahlreichen Aspekten „rund um" das Thema „Zeitungen" werden Kopiervorlagen angeboten, die die Schülerinnen und Schüler selbstständig bearbeiten können. Dabei wurde bei der Gestaltung der Arbeitsblätter besonderer Wert darauf gelegt, dass die Schülerinnen und Schüler über unterschiedliche methodische Zugänge motiviert werden. Sie erfahren etwas darüber, wie Zeitungstexte gemacht werden, sie erhalten Hilfen für die Analyse von Zeitungstexten, sie lernen journalistische Textsorten wie Kommentar, Bericht oder Reportage voneinander zu unterscheiden, ihnen wird journalistisches Fachvokabular vermittelt, das sie auch für die Beschreibung der Texte brauchen.

Der Umgang mit Zeitungstexten erfolgt sowohl analytisch als auch handlungs- und produktionsorientiert. Lehrerinnen und Lehrer können die Kopiervorlagen in unterschiedlichen Lernsituationen einsetzen: als zusätzliches Material bei Zeitungsprojekten, als Grundlage für eigene Unterrichtsreihen, aber auch zur individuellen Förderung oder zur Freiarbeit.

Ziel der Arbeit mit dem Heft „**Rund um Zeitungen**" ist es, dass die Schülerinnen und Schüler – dem Werbeslogan der Zeitungsverleger folgend – auch von sich sagen können: „Zeitungen. Wer liest, versteht!"

Elf Zitate zum Zeitungswesen

Hier findest du Aussprüche berühmter Leute über Zeitungen und den Journalismus:

1

Die Zeitung ist die Konserve der Zeit.

Karl Kraus

2

Journalismus ist Literatur in Eile.

Matthew Arnold

3

Die Presse ist der Zahnstocher der Nation.

Roberto Benigni

4

Das Problem der Zeitungsberichterstattung liegt daran, dass das Normale uninteressant ist.

Saul Bellow

5

Gazetten dürfen, so sie delectieren sollen, nicht genieret werden.

Friedrich der Große

6

Ich habe immer die Zeitung gelesen. Warum sollte ich das bei der WM nicht tun? Damit habe ich kein Problem. Egal, ob was Positives oder Negatives drinsteht. Davon lasse ich mich nicht beeinflussen. Was da heute drinsteht, das ist doch morgen schon wieder alt.

Lukas Podolski

7

In Amerika regiert der Präsident für vier Jahre und der Journalismus für immer und ewig.

Oscar Wilde

8

Der geschickte Journalist hat eine Waffe: das Totschweigen – und von dieser Waffe macht er oft genug Gebrauch.

Kurt Tucholsky

9

Nichts ist so alt wie die Zeitung von gestern.

Aus Deutschland

10

Wahr ist, was morgen in der Zeitung steht.

Axel Springer

11

Wenn ich zu wählen hätte zwischen einem Land mit Regierung, aber ohne Zeitungen und einem Lande mit Zeitungen, aber ohne Regierung, dann würde ich das Land ohne Regierung wählen.

Thomas Jefferson

Aufgabe

1. Gib den Sinn der Zitate mit eigenen Worten wider.

1: _____

2: _____

3: _____

4: _____

5: _____

6: _____

7: _____

8: _____

9: _____

10: _____

11: _____

Fortsetzung auf Seite 7

© 2008 Cornelsen Verlag, Berlin. Alle Rechte vorbehalten.

Aufgaben

2. Welche Eigenschaften werden dem Journalismus und den Zeitungen auf Seite 6 zugeschrieben? Trage für jedes Zitat eine Eigenschaft in den vorgegebenen Cluster ein.

3. Vergleiche deine Ergebnisse mit deinem Banknachbarn. Tauscht euch über unterschiedliche Lösungen aus.

4. Welchen Meinungen über die Zeitung und den Journalismus stimmst du zu, welche lehnst du ab? Begründe.

_____

_____

_____

_____

_____

_____

_____

_____

_____

_____

_____

_____

_____

_____

© 2008 Cornelsen Verlag, Berlin. Alle Rechte vorbehalten.

Die Ente – Zu schön, um wahr zu sein!

Geschichten, die es in die Zeitung geschafft haben, finden eine weite Verbreitung.
Um so schlimmer, wenn sie einfach nicht stimmen ...

Celle – Aus nachvollziehbaren Gründen kam ein erstaunter Autofahrer bei Celle von der Fahrbahn ab: Ein ihm entge-
5 genkommendes Fahrzeug wurde anscheinend von einem Skelett gesteuert. Später klärte die Polizei den Vorgang auf. In einem Auto mit englischer
10 Rechtssteuerung hatte ein Spaßvogel neben sich ein Skelett auf den Beifahrersitz gesetzt.

Hamburg – Nachdem die Ärzte der Notaufnahme eine Fischvergiftung bei ihm festgestellt hatten, verklagte ein Mann in
5 der folgenden Woche die Restaurantkette, bei der er die mit paniertem Fisch belegte Semmel verspeist hatte. Bei der angesetzten Gerichtsverhand-
10 lung rechtfertigte sich das Restaurant mit einer erstaunlichen Erklärung. Im bestellten Gericht sei kein Fisch enthalten, es werde nur mit Aromen
15 gearbeitet.

Heidelberg – Die Verkäufer eines ansässigen Supermarktes staunten nicht schlecht, als eine Kundin an der Kasse in Ohn-
5 macht sank. Die Frau hatte unter ihrem Hut ein tiefgekühltes Huhn aus dem Laden schmuggeln wollen und war durch die Kälte bewusstlos geworden.

Aufgaben

1. Welche der oben abgedruckten Geschichten hältst du für glaubwürdig, welche für unglaubwürdig? Begründe deine Ansicht.

   Das Skelett am Steuer:

   _____

   _____

   Das Fischbrötchen ohne Fisch:

   _____

   _____

   Das Huhn unterm Hut:

   _____

   _____

2. Nenne Kriterien, die eine Geschichte erfüllen muss, um glaubwürdig zu sein.

   _____

   _____

   _____

   _____

Fortsetzung auf Seite 9

© 2008 Cornelsen Verlag, Berlin. Alle Rechte vorbehalten.

Aufgaben

3. Glaubt eine Zeitung eine erfundene oder falsche Meldung und druckt sie ab, spricht man von einer Zeitungs-Ente. Erläutere mit Hilfe des folgenden Artikels, welche Erklärungen es für diesen seltsamen Ausdruck gibt.

Die n.t.-Ente

Hat die Zeitungsente nichts mit dem Schwimmvogel zu tun? Irgendwann hörte ich einmal, das Wort käme aus dem Amerikanischen, sei eine Abkürzung für „n.t.", für „not true", also „nicht bestätigt".
Hans Ottlik, Frontera (Spanien)

Es gibt drei Erklärungen für die Herkunft der Zeitungsente. Die Brüder Grimm führen den Ausdruck auf Luther zurück, den sie mit den Worten zitieren: „So kömpts doch endlich dahin, das an stat des evangelii und seiner auslegung widerumb von blaw enten gepredigt wird." Blaue Enten also als Sinnbild für die Irrlehre.
Dann gibt es das von Ihnen zitierte „n.t.". Das steht für das lateinische *non testatum* und wurde schon seit dem 17. Jahrhundert an Zeitungsmeldungen angefügt, deren Quelle nicht bestätigt war. Eine schöne phonetische Ableitung für die Ente.
Doch es setzt sich langsam die Deutung durch, dass

die Zeitungsente im 19. Jahrhundert aus Frankreich ihren Weg zu uns gefunden hat. Die Ente als unzuverlässige Brüterin war dort schon lange in dem Ausdruck *donner des canards* („Enten geben") mit der Lüge in Verbindung gebracht worden. Noch heute findet man dieses Sprachbild im Titel der Zeitung *Le Canard Enchaîné*.
Welche Version stimmt nun? Martin Welke, der als wichtigster deutscher Zeitungshistoriker eine große Sammlung alter Zeitungen pflegt, war eigentlich auch ein Anhänger der n.t.-Theorie. Bis er eine Karikatur von 1849 mit dem Titel *Der journalistische Eiertanz* entdeckte, auf der ein Schreiberling mit all seinen Utensilien abgebildet ist – aus seiner Umhängetasche lugen zwei Enten, die auch noch entsprechend beschriftet sind. Wenn der Vogel schon so lange mit dem Journalismus in Verbindung gebracht wird, sagt Welke, dann ist die Erklärung mit dem n.t. wohl eine schöne, aber leider eine Ente.
Christoph Drösser

4. Schreibe selbst eine möglichst glaubwürdige Falschmeldung.

5. Teste deine Geschichte aus Aufgabe 4 an deinen Bekannten und überprüfe, ob sie funktioniert.

© 2008 Cornelsen Verlag, Berlin. Alle Rechte vorbehalten.

Die Medien

Zeitungen gehören zu den „Medien". Das Wort kommt aus dem Lateinischen: „medium" heißt „Mitte".
Medien sind also „Ver-mittler" von Information oder, noch weiter gefasst, von Kommunikation.
Abgesehen von Zeitungen gibt es noch eine ganze Reihe anderer Medien:

Aufgabe

1. Welche Medien sind abgebildet? Notiere. Ergänze dann weitere Medien.

_____

_____

_____

10

Fortsetzung auf Seite 11

© 2008 Cornelsen Verlag, Berlin. Alle Rechte vorbehalten.

Aufgaben

2. Ordne die Begriffe. Jeweils zwei Unterbegriffe gehören zu einem Oberbegriff.
   Tipp: Drei Begriffe sind bereits vorgegeben.

   Anspruch/Niveau – Boulevardzeitungen – elektronische Medien –
   Erscheinungsweise – Handy – PC – Printmedien –
   seriöse Zeitungen – Tageszeitung – Wochenzeitung – Zeitschriften – Zeitungen

   Printmedien

   PC

   Wochenzeitung

3. Notiere mehrere Beispiele zu den verschiedenen Printmedien.
   Informiere dich gegebenenfalls im Internet oder bei einem Zeitschriftenladen.

   Tageszeitung:

   Wochenzeitung:

   Boulevardzeitung:

   Zeitschrift:

4. Welche Medien nutzt du am häufigsten?
   Lege in deinem Heft eine Tabelle nach dem folgenden Muster an.

Medium	durchschnittliche Nutzungsdauer pro Tag
...	...

5. Wertet eure Ergebnisse aus Aufgabe 4 in der Klasse aus. Formuliert dazu passende Fragen:
   • Welche Medien werden genutzt?
   • Welche Medien werden am längsten genutzt?
   • Welche Rolle spielt die Zeitung?
   usw.

© 2008 Cornelsen Verlag, Berlin. Alle Rechte vorbehalten.

Zeitschriften

Während Tageszeitungen Tag für Tag das Wichtigste aus Politik, Wirtschaft und Kultur berichten, haben Zeitschriften oft nur einen Leserkreis mit einem ganz bestimmten Interesse.

Aufgaben

1. Welche Art von Zeitschrift könnte sich hinter den folgenden Titeln verbergen? Notiere deine Vermutung in der rechten Tabellenspalte. Vergleiche deine Ergebnisse anschließend mit dem Lösungsteil.

Zeitschriftentitel	Inhalt/Interessengebiet
Eltern	
Manager	
GEO	
Das Haus	
Gala	
Games Master	
Der Feinschmecker	
Öko-Test	
Blinker	

2. Ergänze in deinem Heft weitere Zeitschriftentitel und benenne das damit verbundene Interessengebiet.

3. Zu welchem Thema (Hobby oder Beruf) würdest du eine Zeitschrift machen? Schreibe einen Brief an einen Zeitungsverleger, in dem du begründest, warum es eine Zeitschrift zu diesem Thema geben sollte.

© 2008 Cornelsen Verlag, Berlin. Alle Rechte vorbehalten.

Zeitungs-Chinesisch

Kennst du die Fachbegriffe der Zeitungssprache?
Hier kannst du die wichtigsten kennen lernen.

Aufgabe

1. Ordne den Fachbegriffen die Erklärungen auf der nächsten Seite zu.
Schreibe auf die Linien.

 1.   Aufhänger: _____

_____

 2.   Aufmacher: _____

 3.   Boulevardzeitung: _____

 4.   Ente: _____

 5.   Feuilleton: _____

 6.   Glosse: _____

 7.   Headline: _____

 8.   Kommentar: _____

 9.   Layout: _____

10.   Magazin: _____

11.   Recherche: _____

12.   Redigieren: _____

13.   Reportage: _____

_____

14.   Ressorts: _____

15.   Rezension: _____

16.   Schlagzeile: _____

17.   Lead: _____

_____

Fortsetzung auf Seite 14

© 2008 Cornelsen Verlag, Berlin. Alle Rechte vorbehalten.

Fortsetzung von Seite 13

Zeitungs-Chinesisch

Fachbegriff für die Gestaltung einer Zeitungsseite

das englische Wort für „Schlagzeile"

Ein Text, der zu einem Ereignis Stellung nimmt.

der Kulturteil einer Zeitung

die wichtigste Überschrift auf einer Zeitungsseite

Fachbegriff für die inhaltliche und sprachliche Überarbeitung eines Zeitungstextes. Diese Überarbeitung findet in der Redaktion statt.

ein kürzerer satirischer Kommentar

Der wichtigste Artikel auf der ersten Seite, der in der Regel durch Schriftgröße und/oder Farben besonders hervorgehoben ist.

Zeitungs- oder Zeitschriftentext, der einen subjektiv gefärbten Bericht (Erlebnisbericht) über ein Ereignis mit Hintergrundinformationen verbindet.

die einzelnen Abteilungen in einer Zeitung

Zeitung, die meist als wenig seriös angesehen wird, weil sie auf reißerische Aufmachung setzt.

eine kritisch bewertende Besprechung zum Beispiel eines Buches oder einer Theateraufführung

eine Falschmeldung

Der konkrete, aktuelle Anlass für einen Zeitungsartikel, der gleich zu Beginn – oft in origineller Weise – genannt wird.

ein anderer Begriff für „Zeitschrift"

Fachbegriff für journalistische Nachforschungen

die ersten, meist durch Fettdruck hervorgehobenen Sätze eines Zeitungsartikels

Fortsetzung auf Seite 15

© 2008 Cornelsen Verlag, Berlin. Alle Rechte vorbehalten.

Zeitungs-Chinesisch

Aufgabe

2. Löse das Kreuzworträtsel. Achtung: Die Umlaute ä, ü und ö werden ae, ue und oe geschrieben.

Waagerecht:

1 Fachbegriff für die Gestaltung einer Zeitungsseite.
4 Das englische Wort für „Schlagzeile".
8 Ein Text, der zu einem Ereignis Stellung nimmt.
10 Fachbegriff für die inhaltliche und sprachliche Überarbeitung eines Zeitungstextes. Diese Überarbeitung findet in der Redaktion statt.
16 Die wichtigste Überschrift auf einer Zeitungsseite.
17 Der Kulturteil einer Zeitung.
18 Ein kürzerer, satirischer Kommentar.

Senkrecht:

2 Der wichtigste Artikel auf der ersten Seite, in der Regel durch Schriftgröße und/oder Farbe besonders hervorgehoben.
3 Zeitungs- oder Zeitschriftentext, der einen subjektiv gefärbten Bericht (Erlebnisbericht) über ein Ereignis mit Hintergrundinformationen verbindet.
5 Ein anderer Begriff für „Zeitschrift".
6 Zeitung, die meist als wenig seriös angesehen wird, weil sie auf reißerische Aufmachung setzt.
7 Eine Falschmeldung.
9 Eine kritisch bewertende Besprechung zum Beispiel eines Buches oder einer Theateraufführung.
11 Der Fachbegriff für journalistische Nachforschungen.
12 Die einzelnen Abteilungen in einer Zeitung.
13 Der konkrete, aktuelle Anlass für einen Zeitungsartikel, der gleich zu Beginn – oft in origineller Weise – genannt wird.
14 Die ersten, meist durch Fettdruck hervorgehobenen Sätze eines Zeitungsartikels.
15 Ein anderes Wort für „Lead".

© 2008 Cornelsen Verlag, Berlin. Alle Rechte vorbehalten.

Nachrichtenagenturen – das Rätsel der Abkürzungen

Am Anfang oder Ende eines Zeitungsartikels findest du oft eine oder mehrere Abkürzungen. Sie stehen für die sogenannten Nachrichtenagenturen. Auf diesen Seiten kannst du herausfinden, welche Agenturen sich hinter den Abkürzungen verbergen und was eigentlich die Aufgabe einer Nachrichtenagentur ist.

Aufgaben

1. Was passt zusammen? Verbinde die Abkürzungen, die Agenturen und die dazugehörigen Beschreibungen mit einer Linie.
   Tipp: Eine der wichtigsten Nachrichtenagenturen wird immer mit ihrem Namen, nicht mit einer Abkürzung, angegeben.

Abkürzungen	Agenturen, die dahinterstehen	Beschreibungen
ddp	Deutsche Presse-Agentur	Deutschsprachiger Ableger des weltweit führenden Anbieters von Finanz- und Wirtschaftsnachrichten.
dpa	Agence France Press	Die wohl größte Nachrichtenagentur der Welt beliefert allein in den USA rund 5000 Radio- und Fernsehstationen sowie 1700 Zeitungen und hat 47 mal den Pulitzer Preis gewonnen.
Reuters.de	Associated Press	Der ‚Deutsche Depeschendienst' hat in den letzten Jahren expandiert und hat heute insgesamt sechs Landesbüros, 22 Korrespondentenbüros, 160 feste Redakteure und etwa 200 freie Mitarbeiter.
afp	United Press International	Die amerikanische Nachrichtenagentur ist zwar in Deutschland nicht so bekannt, ist aber dennoch eine der ganz großen Global Player – mit Meldungen aus allen Themenbereichen.
AP	Deutscher Depeschendienst	Deutschlands führende Nachrichtenagentur mit Informationen zur Unternehmensstruktur und Links zu den einzelnen Diensten.
UPI	Reuters	Deutschsprachiger Ableger der weltweit operierenden Nachrichtenagentur aus Frankreich.

2. Kontrolliere deine Ergebnisse aus Aufgabe 1 mit Hilfe der Web-Site
   www.journalistenlinks.de/browse.php?cat=81.

Fortsetzung auf Seite 17

© 2008 Cornelsen Verlag, Berlin. Alle Rechte vorbehalten.

Aufgaben

3. Beantworte die Fragen mit Hilfe von Aufgabe 1. Antworte jeweils in einem Satz.
   a) An wen liefern die Agenturen Nachrichten?

   _____

   _____

   b) Arbeiten die meisten Agenturen auf nationaler oder auch auf internationaler Ebene?

   _____

   _____

   c) Welche Agentur hat sich auf bestimme Themenbereiche spezialisiert?

   _____

   _____

4. Was ist eine Nachrichtenagentur? Welche Aufgaben erfüllt sie?
   Verfasse mit Hilfe der Informationen aus Aufgabe 1 eine allgemeine Beschreibung.

   _____

   _____

   _____

   _____

   _____

   _____

   _____

5. Schreibe selbst zwei Nachrichten zu Ereignissen in deiner Schule. Achte dabei auf die gebotene Kürze,
   verzichte auf Ausschmückungen, Kommentare und ausführliche Hintergrundinformationen.

   Nachricht 1: _____

   _____

   _____

   Nachricht 2: _____

   _____

   _____

   _____

© 2008 Cornelsen Verlag, Berlin. Alle Rechte vorbehalten.

Was Kontaktanzeigen verraten

Anzeigen bei der Zeitung werden pro Zeile abgerechnet und sind deshalb oft sehr kurz gehalten. Ist dir schon aufgefallen, was man aus den vielen Abkürzungen alles herauslesen kann?

Aufgaben

1. Kannst du alle Abkürzungen in dem Kasten rechts entschlüsseln?
   Tipp: Die Auflösung findest du notfalls unten.

> 23 J., gemeins., Zuschr., u., evtl., f., su., NR, NT, uvm., symp., gl., pass., schl., sportl., lebensl., BmB., ehrl., jung gebl., sonn., Tel., kl., unkompl., dkl.-haar., gebürt., finanz., unabh., harmon., viell., gr., mögl., zärtl., led., o. f. Bind., romant., häusl., zierl., attr., Akad., Wwe.

2. Welche Abkürzungen aus Aufgabe 1 kann man leicht missverstehen? Notiere mögliche Missverständnisse.

   _____

   _____

   _____

3. Verfasse eine treffende Anzeige für deinen Banknachbarn oder deine Banknachbarin.
   Du hast nur vier Zeilen zu je 25 Zeichen. Tauscht die Anzeigen anschließend aus und besprecht, was ihr bei einer eigenen Anzeige anders formuliert hättet.

   _____

   _____

   _____

   _____

4. Kann man mit Hilfe von Kontaktanzeigen überhaupt etwas über andere Menschen erfahren?
   Begründe deine Meinung.

   _____

   _____

   _____

   _____

5. Lieber eine Kontaktanzeige in der Zeitung oder ein Flirtforum im Internet? Sammelt Argumente und diskutiert die Vor- und Nachteile der beiden Möglichkeiten des Kennenlernens.

> 23 Jahre Akademiker(in), attraktiv, Bitte mit Bild, dunkelhaarig, ehrlich, eventuell, finanziell, für, gebürtig, gemeinsam, gleich(e), groß, harmonisch, häuslich, jung geblieben, klein, lebenslustig, ledig, möglichst, Nichtraucher(in), Nichttrinker(in), ohne feste Bindung, passabel, romantisch, schlank, sonnig, sportlich, suche, sympathisch, Telefonnummer, unabhängig, und, und vieles mehr, unkompliziert, vielleicht, Witwe(r), zärtlich, zierlich, Zuschrift(en)

Fortsetzung auf Seite 19

© 2008 Cornelsen Verlag, Berlin. Alle Rechte vorbehalten.

Was Kontaktanzeigen verraten

Aufgaben

6. Vergleiche die folgenden Kontaktanzeigen und benenne die Unterschiede, die dir auffallen.
   Tipp: Achte auf den Inhalt, den Stil, den Adressaten.

Große Frau (31) mit kurzem Haar, schlagfertig, willensstark, klug (nicht nur im akademischen Sinn)+(na logo) charmant, mag Stadt, Meer, Küche, Unterwegssein, Charakternasen, Lachfalten, Kunst+Popkultur. Neugierig auf Post von ähnlich klasse Mann. Und dann? Langfristiges, wunderbares Miteinander wär doch was. Wort+Bild aus Köln oder anderswo.

Welcher intelligente, humorvolle, evtl. musisch interessierte Mann möchte wie ich das Leben wieder zu zweit genießen. 50-j. SIE, schlank, 1,70 m humorvoll freut sich auf Ihre Zuschrift unter Chiffre.

Leitende Angestellte, 39, 168, schlank, naturverbunden, ledig, o. Kind, NR, sucht zärtl. gr. Mann ab 180, der ihr die Sterne vom Himmel holt. Trau dich und schreibe mir bitte m. Bild.

Bruder zu vergeben. Er ist 40/1,80, schlank und blond, er hat eine Oboe, ein Englisch Horn, ein meerestaugliches Segelboot, dazu ein festes Einkommen, viel Humor und Charme, er ist ein wahrer Gentleman, der sich wunderbare Sachen einfallen lässt, wenn er sich verliebt. Festgelegt ist er auf klassische Musik und die Leidenschaft des Segelns, erfreuend sind sein Einfallsreichtum u. seine Zuverlässigkeit. Bedeutend der Wunsch nach Kindern u. Familie. In seiner Vorstellung sind Sie eher zierlich, humorvoll, interessiert an Kultur, wohnen im Raum Hamburg und trauen sich jetzt.

---

7. Welche der oben abgedruckten Kontaktanzeigen findest du gelungen? Begründe.

© 2008 Cornelsen Verlag, Berlin. Alle Rechte vorbehalten.

Ressorts – die „Schubladen" der Zeitung

Die verschiedenen Inhalte der Tages- und Wochenzeitungen werden in sogenannten Ressorts zusammengefasst.

Aufgaben

1. Welche Ressorts kennst du? Notiere.
   Überprüfe dein Ergebnis mit Hilfe einer überregionalen Tageszeitung.
   Korrigiere und ergänze gegebenenfalls.

   _____

   _____

2. Welche Inhalte verbergen sich hinter den folgenden Ressortnamen? Antworte jeweils in einem Satz.
   Tipp: Du kannst ein Fremdwörterbuch oder eine Tageszeitung zu Hilfe nehmen.

   Feuilleton: _____

   _____

   Lokales: _____

   _____

   „Panorama": _____

   _____

3. Ordne die Zeilen den verschiedenen Ressorts zu, indem du die Nummern in der Tabelle notierst.

   1 Unerwarteter Aktienhöhenflug bei XYZ
   2 Wackelt die Große Koalition?
   3 Ferrari schafft den Start-Ziel-Sieg
   4 Die Opernlandschaft schrumpft
   5 Russland zieht seine Truppen zurück
   6 Wer wird der nächste US-Präsident?
   7 Der Sommerhit im Kino
   8 Deutsche Forscher finden in Brasilien
     eine neue Ameisenart
   9 Das letzte Spiel des Titans – Olli Khan tritt ab

   10 Berliner CDU sucht Vorsitzenden
   11 Die Pole schmelzen
   12 Hoher Export in Schwellenländer
   13 Bauwirtschaft ist zwiegespalten
   14 Die Short-List zum Deutschen Buchpreis
     ist heraus

Ressort	Überschrift Nr.
Politik	
Wirtschaft	
Feuilleton (Kulturteil)	
Sport	
„Panorama", „Blick in die Welt" o. Ä.	

Fortsetzung auf Seite 21

© 2008 Cornelsen Verlag, Berlin. Alle Rechte vorbehalten.

Ressorts – die „Schubladen" der Zeitung

Aufgaben

4. Erfinde selbst zwei Überschriften zu jedem Ressort. Gehe bei dem Ressort „Lokales"
   von deiner Region aus.

   Politik: _____

   _____

   Wirtschaft: _____

   _____

   Feuilleton: _____

   _____

   „Panorama": _____

   _____

   Sport: _____

   _____

   Lokales: _____

   _____

5. Die Ressorts dienen dazu, die Fülle an Informationen zu ordnen und so den Zeitungslesern
   die Übersicht zu erleichtern. Dennoch gibt es zwischen den Ressorts verschiedene inhaltliche
   Berührungspunkte und Überschneidungen. Erläutere diese Aussage.

   _____

   _____

   _____

   _____

   _____

6. Bei der Zeitung unterscheidet man zwischen dem „redaktionellen" und dem „nicht-redaktionellen"
   Teil. Schreibe auf, was deiner Ansicht nach zum „nicht-redaktionellen" Teil gehört.
   Tipps:
   • Alle oben genannten Ressorts gehören zum redaktionellen Teil.
   • Die Inhalte des „nicht-redaktionellen" Teils haben damit zu tun, dass Zeitungen Geld
     verdienen müssen.

   _____

   _____

   _____

   _____

© 2008 Cornelsen Verlag, Berlin. Alle Rechte vorbehalten.

Selbstkontrolle statt Zensur – die Aufgaben des Deutschen Presserats

Zu den Hauptaufgaben des 1956 gegründeten Deutschen Presserats gehört die Ahndung von Verstößen gegen den Pressekodex, der eine Reihe von Verhaltensregeln festlegt. Der Deutsche Presserat spricht öffentliche Rügen gegen Zeitungen und Zeitschriften aus, die gegen diese Regeln verstoßen.

Aufgaben

1. Informiere dich in einem Lexikon oder im Internet über den Deutschen Presserat.
   Tipp: Du kannst dich auf der Homepage des Deutschen Presserats (http://www.presserat.de)
   informieren.

2. Hier findest du Überschriften aus dem Pressekodex des Deutschen Presserats:

   > 1. Wahrhaftigkeit und Achtung der Menschenwürde
   > 2. Sorgfalt
   > 3. Richtigstellung
   > 4. Grenzen der Recherche
   > 5. Berufsgeheimnis
   > 6. Trennung von Werbung und Redaktion
   > 7. Persönlichkeitsrechte
   > 8. Religion, Weltanschauung, Sitte
   > 9. Sensationsberichterstattung, Jugendschutz
   > 10. Unschuldsvermutungen

Denke über die einzelnen Überschriften nach und führe jeweils kurz aus,
was sie deiner Ansicht nach bedeuten.
Überprüfe deine Einschätzung anschließend mit dem Lösungsteil.

1: _____

2: _____

3: _____

4: _____

5: _____

6: _____

7: _____

8: _____

9: _____

10: _____

Fortsetzung auf Seite 23

© 2008 Cornelsen Verlag, Berlin. Alle Rechte vorbehalten.

Aufgaben

3. Hier findest du Fälle, bei denen der Deutsche Presserat sich zu Wort gemeldet hat.
   a) Ordne den Fällen die entsprechende Überschrift aus Aufgabe 2 zu. Schreibe auf die Linien.

Fall 1: _____

Eine Tageszeitung veröffentlicht auf ihrer samstäglichen Autoseite einen Artikel unter der Überschrift: „Angebot der Woche: 200 Dienst- und Vorführwagen". Darin wird auf die Offerte des Autohauses im Rahmen eines Altstadtfestes hingewiesen. Es heißt, es würden zu besonders niedrigen Preisen Dienst- und Vorführwagen angeboten. Als Beispiel dafür werden Preise für diverse Fahrzeuge genannt. Am Ende erfolgt der Hinweis: „Diese Autos gibt es beim Audi-Zentrum [Adresse]".

Fall 2: _____

Unter der Überschrift „Schneller Tod ein Segen für alle" bringt eine Lokalzeitung einen Meinungsbeitrag über den verstorbenen Jassir Arafat. Der Beitrag beginnt mit dem Satz: „Für alle Beteiligten ist der schnelle Tod des Palästinenserpräsidenten Jassir Arafat ein Segen."

Fall 3: _____

In einem Leserbrief in einer Lokalzeitung werden massive Vorwürfe gegen einen Beamten erhoben: Er soll Datumsänderungen zu Gunsten von Steuerhinterziehern vorgenommen haben. Der Betroffene beschwert sich beim Presserat mit dem Hinweis darauf, dass bereits gerichtlich festgestellt wurde, dass die Vorwürfe falsch seien.

b) Erläutere, warum in den genannten Fällen eine Rüge ausgesprochen wurde.

Fall 1: _____

_____

_____

Fall 2: _____

_____

_____

Fall 3: _____

_____

_____

4. Konstruiere selbst einen Fall, bei dem der Deutsche Presserat eingreifen müsste.
   Dein Fall sollte sich auf eine der zehn Überschriften aus Aufgabe 2 beziehen.
   Lass deinen Banknachbarn anschließend eine Zuordnung vornehmen.

_____

_____

_____

_____

_____

© 2008 Cornelsen Verlag, Berlin. Alle Rechte vorbehalten.

Konkurrenz aus dem Netz

Das Nachrichtenangebot von *Spiegel Online* gehört heute zum Kanon der tagesaktuellen Leitmedien, wie die *Tagesschau* oder *Bild*. Es ist zur Selbstverständlichkeit geworden und markiert eine neue Normalität im Journalismus. Durchgesetzt hat *Spiegel Online* damit auch eine Akzeptanz für seinen Tonfall und seine Themenmischung.

Spiegel Online, 1994 gegründet, ist zur Reichweiten-Großmacht aufgestiegen. Innerhalb der letzten sechs Jahre hat sich die Zahl der Sitebesuche etwa verzwölffacht. Die Homepage wird wöchentlich von 2,4 Millionen Lesern genutzt. Pro Tag protokolliert der Server im Schnitt 2,3 Millionen Besuche und 13 Millionen Seitenabrufe. Seine Online-Konkurrenz hat *Spiegel Online* deklassiert[1]. Wenn es um die Reichweite geht, konkurriert die Site mit der überregionalen Tagespresse auf Papier. [...]

Die herausragenden Kennzeichen des *Spiegel-Online*-Journalismus sind ein Tonfall, der in Schlagzeilen wie „Brown startet das Blair-Switch-Projekt" oder „Pannen-Beck verpokert sich" gipfelt, und eine Themenmischung, bei der eine US-Wahlanalyse direkt neben einer neckischen Reportage über russische Multimillionäre und einer Reflexion über sinnlose PC-Tasten stehen kann. Müller von Blumencron hat dieses Prinzip einmal als „Schwingen" der Website beschrieben – als durchkomponierte Mischung aus nachrichtlichem, analytischem und unterhaltendem Journalismus.

Im Milieu des traditionsbewussten Tagesjournalismus spielt *Spiegel Online* die Rolle des geachteten Flegels. Bei professionellen Beobachtern löst die Manier[2] des Portals leichtes Naserümpfen aus: „häufig zu lärmend" oder „manchmal zu überdreht" sind typische Bemerkungen. *Spiegel Online* hat die Grenzen zwischen Nachrichten, Boulevard, Feuilleton, Reportage und Kommentar niedergerissen. Die Trennung von Qualitäts- und Boulevardjournalismus ist porös geworden. [...]

In den Schlagzeilen wimmelt es zudem, wie im Mutterblatt auch, von unkonventionellen Metaphern, abgewandelten Phrasen, Alliterationen und Wortschöpfungen (etwa „Schröder verrubelt seinen Ruf", über die berufliche Tätigkeit des früheren Kanzlers, oder „Statist im Intrigantenstadl", über Bayerns SPD). Der *Spiegel Online*-Stil giert nach drastischen Begriffen mit möglichst großem Abstand zur Nachrichtendiktion; „meutern", „vergrätzen", „vorknöpfen", „abblitzen", „terrorisieren", „sticheln" oder „flirten" sind Krawall-Verben, die für Überschriften gern verwendet werden. [...]

Spiegel-Online-Journalismus entsteht in einer gediegenen Stimmung beschwingter Überarbeitung. Fast 70 Redakteure arbeiten inzwischen im Schichtbetrieb in der Hamburger Zentrale, ein Dutzend weitere in Berlin, und jeweils einer in München, New York und Beirut. Zuletzt wurde die audiovisuelle Abteilung aufgestockt. Der hohe Textdurchsatz[3], das Gebot zur schnellen Redaktion und zu kontinuierlichen Updates, das Einrieseln der Nachrichten auf mehreren Kanälen zehrt an der jungen Redaktion. *Spiegel Online* ist eine Journalismus-Galeere, fraglos. Unterstrichen wird dies durch den typischen Redaktionseinrichtungsstil pragmatischer Tristesse:[4] graue Schreibtischinseln in Großraumbüros, umgeben von vollgestopften Regalen und reichlich Kabelgewirr. Das alles kann einer Aura von stolzer Betriebsamkeit aber keinen Abbruch tun. Die Redakteure wirken leicht berauscht, ihren Job sehr gut oder zumindest leidenschaftlich zu machen.

Im Internet wird Aktualität zum Dauerlockstoff des Journalismus. Die Leser synchronisieren[5] sich über den Tag hinweg mehrmals mit der Nachrichtenlage. Der inneren Logik des Journalismus folgend ist dies nur konsequent. Es geht um Neuigkeiten. Und Neuigkeiten entstehen nicht nur einmal am Tag. Nachrichtensites wie *Spiegel Online* sind darauf optimiert, den Lesern mindestens drei- oder viermal am Tag neuen Lesestoff zu bieten. [...]

Den *Spiegel-Online*-Leser hat es nicht schon immer gegeben. Er wurde im Verlauf der letzten Jahre erfolgreich generiert. Es ist ein Leser mit hoher Toleranzschwelle gegenüber Flapsigkeit, der kurzweiligen Nachrichten-Unterhaltung nicht abgeneigt.

Dieser Leser wird nun zur Ausgangsbasis eines neuen Journalismus-Selbstverständnisses. *Spiegel Online* färbt ab: auf die unmittelbaren Mitbewerber im Internet, aber auch auf die Qualitätspresse. Mit *Spiegel Online* wird „Spiegeligkeit" universell im deutschen Journalismus, die typische Erzählhaltung zum dominanten Schema. In Österreich oder in der Schweiz klingt Online-Journalismus anders. *Spiegel Online* wirkt prägend auch auf die Tagespresse, weil deren Journalisten neben dem dpa-Ticker nun immer auch die Auswertung durch *Spiegel Online* beobachten.

Robin Meyer-Lucht

---

1 **deklassiert:** abstufen, abwerten
2 **Manier:** Art und Weise, Stil
3 **Textdurchsatz:** Textproduktion
4 **pragmatische Tristesse:** zweckorientierte, graue Sachlichkeit
5 **sich synchronisieren:** sich zeitgleich auf den neuesten Stand bringen

Fortsetzung auf Seite 25

© 2008 Cornelsen Verlag, Berlin. Alle Rechte vorbehalten.

Aufgaben

1. Erkläre die folgenden Formulierungen aus dem Textzusammenhang.
   Du kannst ein Wörterbuch zu Hilfe nehmen.

   Kanon der tagesaktuellen Leitmedien: _____

   Reichweiten-Großmacht: _____

   Schwingen der Website: _____

   Krawall-Verben: _____

   kontinuierliche Updates: _____

   Journalismus-Galeere: _____

2. Liste mit Hilfe des Artikels die Vorteile auf, die Leser von Spiegel Online
   gegenüber Lesern einer Tageszeitung haben.

   _____

   _____

3. Erkläre, welche Probleme nach Ansicht des Autors mit dem Erfolg
   von Spiegel Online verbunden sind.

   _____

   _____

   _____

   _____

4. Untersuche den Stil von Spiegel Online.
   a) Markiere im Text, was der Autor als typisch für den Stil von Spiegel Online betrachtet.
   b) Überprüfe auf der Seite *www.spiegel.de,* ob der Autor mit seiner Analyse Recht hat.

5. Wie würde sich wohl die „Qualitätspresse" ausdrücken?
   Übertrage die Zitate und Wörter aus Spiegel Online in eine weniger reißerische Sprache.

   Pannen-Beck verpokert sich: _____

   Statist im Intrigantenstadl: _____

   vergrätzen: _____

   meutern: _____

   vorknöpfen: _____

   abblitzen: _____

© 2008 Cornelsen Verlag, Berlin. Alle Rechte vorbehalten.

Macht und Verantwortung der Zeitung

Was in der Zeitung steht

Wie jeden Morgen war er pünktlich dran,
Die Kollegen sah'n ihn fragend an:
„Sag mal, hast du noch nicht geseh'n, was in der Zeitung steht?"
Er schloss die Türe hinter sich,
5 Hängte Hut und Mantel in den Schrank, fein säuberlich,
Setzte sich. „Na, woll'n wir erst mal seh'n, was in der Zeitung steht!"
Und da stand es fett auf Seite zwei:
„Finanzskandal!", sein Bild dabei
Und die Schlagzeile: „Wie lang das wohl so weitergeht?!"
10 Er las den Text und ihm war sofort klar:
Eine Verwechslung, nein, da war kein Wort von wahr,
Aber, wie kann etwas erlogen sein, was in der Zeitung steht?

Er starrte auf das Blatt, das vor ihm lag,
Es traf ihn wie ein heimtückischer Schlag,
15 Wie ist es möglich, dass so etwas in der Zeitung steht?
Das Zimmer ringsherum begann sich zu dreh'n,
Die Zeilen konnte er nur noch verschwommen seh'n,
Wie wehrt man sich nur gegen das, was in der Zeitung steht?
Die Kollegen sagten, „Stell dich einfach stur!"
20 Er taumelte zu seinem Chef, über den Flur:
„Aber, selbstverständlich, dass jeder hier zu Ihnen steht!
Ich glaub', das Beste ist, Sie spannen erst mal aus,
Ein paar Tage Urlaub, bleiben Sie zu Haus',
Sie wissen ja, die Leute glauben gleich alles, nur weil's in der Zeitung steht."

25 Er holte Hut und Mantel, wankte aus dem Raum,
Nein, das war Wirklichkeit, das war kein böser Traum,
Wer denkt sich sowas aus, wie das, was in der Zeitung steht?
Er rief den Fahrstuhl, stieg ein und gleich wieder aus,
Nein, er ging doch wohl besser durch das Treppenhaus,
30 Da würd' ihn keiner sehn, der wüsste, was in der Zeitung steht!
Er würde durch die Tiefgarage geh'n,
Er war zu Fuß, der Pförtner würde ihn nicht seh'n,
Der wusste immer ganz genau, was in der Zeitung steht.
Er stolperte die Wagenauffahrt rauf,
35 Sah den Rücken des Pförtners, das Tor war auf,
Das klebt wie Pech an dir, das wirst du nie mehr los, was in der Zeitung steht.

Er eilte zur U-Bahn-Station,
Jetzt wüssten es die Nachbarn schon,
Jetzt war's im ganzen Ort herum, was in der Zeitung steht.
40 So lange die Kinder in der Schule war'n,
So lange würden sie es vielleicht nicht erfahr'n,
Aber irgendwer hat ihnen längst erzählt, was in der Zeitung steht.
Er wich den Leuten auf dem Bahnsteig aus, ihm schien,
Die Blicke aller richteten sich nur auf ihn,
45 Der Mann im Kiosk da, der wusste Wort für Wort, was in der Zeitung steht.
Wie eine Welle war's, die über ihm zusammenschlug,
Wie die Erlösung kam der Vorortzug!
Du wirst nie mehr ganz frei, das hängt dir ewig an, was in der Zeitung steht.

26

Fortsetzung auf Seite 27

© 2008 Cornelsen Verlag, Berlin. Alle Rechte vorbehalten.

Fortsetzung von Seite 26 **Macht und Verantwortung der Zeitung**

„Was woll'n Sie eigentlich?", fragte der Redakteur,
50 „Verantwortung, Mann, wenn ich das schon hör'!
Die Leute müssen halt nicht alles glauben, nur weil's in der Zeitung steht!
Na schön, so 'ne Verwechslung kann schon mal passier'n,
Da kannst du auch noch so sorgfältig recherchier'n,
Mann, was glauben Sie, was Tag für Tag für'n Unfug in der Zeitung steht!"
55 „Ja", sagte der Chef vom Dienst, „das ist wirklich zu dumm,
Aber ehrlich, man bringt sich doch nicht gleich um,
Nur weil mal aus Verseh'n was in der Zeitung steht."
Die Gegendarstellung erschien am Abend schon
Fünf Zeilen, mit dem Bedauern der Redaktion,
60 Aber Hand aufs Herz, wer liest, was so klein in der Zeitung steht?

Reinhard Mey

Aufgaben

1. Vergleiche die Reaktion und die Gedanken der Hauptfigur mit den Ansichten des Redakteurs aus Strophe fünf. Notiere Unterschiede.

_____

_____

_____

_____

2. Worin die Falschmeldung besteht, wird nur einmal erwähnt.
   Ansonsten heißt es immer, „**was** in der Zeitung steht".
   Erkläre, welche Absicht der Autor, Reinhard Mey, damit verfolgt.

_____

_____

_____

3. Welche Möglichkeiten gibt es, mit einer Falschmeldung in der Zeitung umzugehen? Diskutiert.

4. Recherchiere im Internet oder in einem Lexikon die Begriffe „Berichtigungsanspruch"
   und „Gegendarstellungsanspruch". Notiere kurz ihre Bedeutung.

   Berichtigungsanspruch: _____

   _____

   Gegendarstellungsanspruch: _____

   _____

5. Und wenn die Zeitung Recht hat?
   Schreibe ein Gedicht mit dem Titel „**Weil's** in der Zeitung steht".

© 2008 Cornelsen Verlag, Berlin. Alle Rechte vorbehalten.

„Leserreporter" – eine neue Entwicklung in der Diskussion

Bis vor wenigen Jahren gab es die Leser und die Reporter. Seit der massenhaften Verbreitung von Foto-Handys und Digitalkameras gibt es die „Leserreporter". Zeitungen rufen ihre Leser sogar dazu auf, Fotos von Ereignissen oder Erlebnissen einzusenden, die sie für veröffentlichenswert halten. Meist winkt beim Abdruck eines Fotos eine Belohnung.

Aufgaben

1. Der Einsatz von „Leserreportern" ist nicht unumstritten. Teilt die Klasse in Gruppen ein. Jede Gruppe diskutiert eine der abgedruckten Fragen.

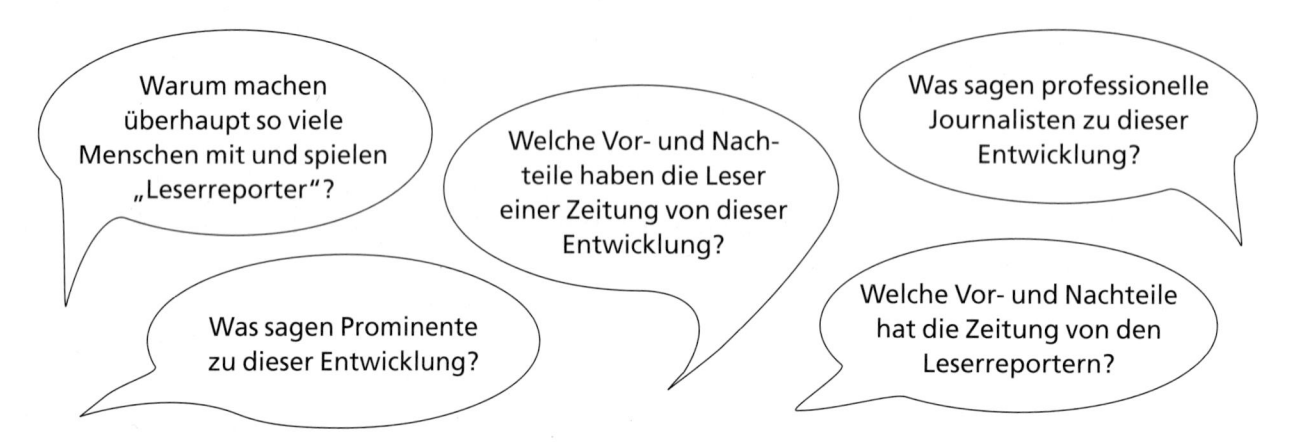

> Warum machen überhaupt so viele Menschen mit und spielen „Leserreporter"?

> Welche Vor- und Nachteile haben die Leser einer Zeitung von dieser Entwicklung?

> Was sagen professionelle Journalisten zu dieser Entwicklung?

> Was sagen Prominente zu dieser Entwicklung?

> Welche Vor- und Nachteile hat die Zeitung von den Leserreportern?

2. Stellt eure Ergebnisse aus Aufgabe 1 in der Klasse vor und diskutiert anschließend gemeinsam den Einsatz von „Leserreportern".

3. Erkläre die folgende Karikatur. Welche Meinung vertritt der Zeichner?

4. Formuliere deine eigene Meinung zum Thema „Leserreporter".

_____

_____

_____

_____

_____

© 2008 Cornelsen Verlag, Berlin. Alle Rechte vorbehalten.

Was ist schlecht am „Boulevard"?

Boulevardpresse, yellow press, Regenbogenpresse – das alles sind verschiedene abwertende Bezeichnungen für eine bestimmte Art von Journalismus.

Aufgaben

1. Schreibe auf, was du unter Boulevardpresse verstehst.

   _____

   _____

2. Überlege mit deinem Banknachbarn, welche Zeitungen der Boulevardpresse ihr kennt.

3. Notiere in Stichworten, was an der Boulevardpresse in der Regel kritisch gesehen wird.

   _____

   _____

4. Erstelle mit Hilfe der folgenden Informationen ein Flussdiagramm zum Thema „Boulevardzeitung – der Straßenverkauf und seine Folgen".

   > Im 19. Jahrhundert kamen in den USA, in England und Frankreich Zeitungen auf, die nicht im Abonnement, sondern direkt auf der Straße – eben dem „Boulevard" – verkauft wurden. Auf diese besonderen Verkaufsbedingungen reagierten die Zeitungsmacher mit der Auswahl der Inhalte und mit der Art der Gestaltung.

Der Verkauf auf der Straße
und nicht im Abonnement

↓

bedeutet für einen Zeitungsverlag wirtschaftlich

_____

_____

↓

Aus den Verkaufsbedingungen ergeben sich bestimmte **Mittel**,
täglich Kunden zu gewinnen. Das bedeutet

↙ ↘

für die **Auswahl der Inhalte**:   für die **Gestaltung**:

_____   _____

_____   _____

_____   _____

Fortsetzung auf Seite 30

© 2008 Cornelsen Verlag, Berlin. Alle Rechte vorbehalten.

Fortsetzung von Seite 29   **Was ist schlecht am „Boulevard"?**

Aufgaben

5. Lies den folgenden Artikel. Markiere dabei die wichtigsten Aussagen.

Das süße Gift der Moral

Der Boulevard dringt auch in die seriösen Bastionen der Gesellschaft vor. Zu Weihnachten setzt er auf Ehe und Treue und sieht sich als Vorreiter konservativer Werte.
Grau ist der Dezemberhimmel und kalt die Luft. Advent. Harald Juhnke lebt noch und Michelle schweigt weiter. Die Bäume sind kahl, das Jahr neigt sich. Stoiber sagt, der Kanzler versage und Rot-Grün sei ge-
5 scheitert. In Bochum herrscht Schüttelfrost, Opel hat schlechte Nachrichten. Tatjana Gsell und Prinz Ferfried gehen shoppen und Uschi Glas ist endlich verliebt. Über der Republik schwebt Hartz IV und Ralf Schumacher und Stefan Raab versöhnen sich
10 wieder. Die Ukraine steht kurz vor einem Bürgerkrieg und Johannes B. Kerner plaudert mit Deutschlands Fernsehköchen. „Alles wird gut! Oder?", fragt Gala und Nina Ruge sagt: „Alles wird gut."
Kommet zusammen auf dem deutschen Boulevard,
15 denn er wärme Euch und zeige Euch die Wege zum Glück […].
Der schrille Circus Maximus hat die Berliner Republik fest in der Hand und die ZEIT konzediert[1] nur zu gern: Der Boulevard ist wichtig! Er ist notwendig! Er
20 stanzt uns das Glück! Er setzt auf eine immer konvertierbare[2] Währung, deren Wechselkurs den höchsten Stand seit Jahren hat: die Emotion. Sie kann sich täglich von 16 Uhr 15 an zu entladen beginnen.
Was bisher geschah: Bianca und Oliver lieben sich
25 heftig. Aber Oliver ist verlobt mit Judith, die von einem Afrikaaufenthalt zurückgekehrt ist. Oliver ist der Sohn des Privatbankiers Alexander Wellinghoff. Dessen Frau Ariane organisiert Charity-Partys zu Gunsten blinder Menschen. Ihre Assistentin ist Katy,
30 die hintertriebene Cousine von Bianca. Katy und Bianca leben in einer Wohnung. Dann kommt Omi Berger dazu und lehrt Bianca das Leben.

Kapitel 33. Bianca ist sehr traurig. Sie steht an einem Heuschober. Sanfte Gitarrenmusik erklingt. […]
35 „Zeit hilft einem weiterzumachen, zu leben", sagt sie aus dem Off zu sich.
Omi: „Es geht immer irgendwie weiter."

Omi soll Bianca ein Märchen erzählen. Omi sagt zu Bianca: „Hör auf dein Herz."
Bianca: „Mein Herz will, dass der Schmerz aufhört." 40
(Der Schmerz des Erinnerns an die glückliche Zeit mit Oliver, Anm. d. Red.)
Omi: „Träum vom Aschenputtel."
Während eines Stadtbummels läuft Bianca zufällig Oliver und Judith über den Weg. Die Begegnung 45 schmerzt Bianca so sehr, dass sie Hals über Kopf die Entscheidung trifft, in eine andere Stadt zu ziehen. Wird sie es auch wirklich tun?

„Bianca" ist die Telenovela des ZDF und die erste im deutschen Fernsehen überhaupt. Sat.1 („Powered by 50 emotion") wird im kommenden Februar nachziehen („Verliebt in Berlin"), RTL arbeitet an einem Konzept, die ARD hat einen Pilotfilm in Auftrag gegeben. Die monothematische[3], auf 200 Folgen angelegte Sendung kommt montags bis freitags um 16 Uhr 15, 55 dauert 45 Minuten und ist ein Quotenhit: täglich zwei Millionen Zuschauer, Marktanteil 16 Prozent. Bianca versorgt den narzisstisch gekränkten[4], verunsicherten, verängstigten Bürger seit acht Wochen von Grund auf mit Romantik, Ruhe und Berechen- 60 barkeit. Es ist der Groschenroman des Fernsehzeitalters, es geht um wahre, reine, ungetrübte Gefühle. Öffentlich-rechtliche Romantikgrundversorgung für 16 Euro 15 monatlich.
Die Telenovela ist ein neues Schaufenster auf dem 65 Boulevard, ein weiteres zur Ausbeutung von Gefühlen durch Bereitstellung von Emotionen. Der Boulevard ist da, wo Aufmerksamkeit ist. Wo es schreit, schrillt und tönt. In der Mediengesellschaft kommen die Tonlagen und Themen der öffentlichen Rede auf 70 dem Boulevard zusammen; er ist das nationale Treibhaus: An ihm lässt sich die Temperatur der Gesellschaft ablesen. Fast alles ist öffentlich. Fast alles ist soft. Fast alles ist Boulevard. Die Boulevardisierung der gesamten Gesellschaft ist unübersehbar. […] 75
Christian Schüle

1 konzedieren: einräumen, zugestehen
2 konvertierbar: wechselbar, eintauschbar

3 monothematisch: nur ein Thema verfolgend
4 narzisstisch gekränkt: in seiner Selbstwahrnehmung, seiner Eigenliebe gekränkt

6. Lies noch einmal den ersten Absatz des Artikels. Was erreicht der Autor durch die besondere Zusammenstellung der Informationen? Erkläre in deinem Heft.

Fortsetzung auf Seite 31

© 2008 Cornelsen Verlag, Berlin. Alle Rechte vorbehalten.

Was ist schlecht am „Boulevard"?

Aufgaben

7. Notiere, für welche Inhalte der Boulevard laut diesem Artikel steht.

_____

_____

_____

_____

8. Warum brauchen die Menschen angeblich eine Romantikgrundversorgung? Erläutere.

_____

_____

_____

_____

_____

9. Formuliere die geäußerte Kritik am Boulevard mit eigenen Worten.

_____

_____

_____

_____

_____

10. Schreibe in deinem Heft einen kurzen Boulevardbeitrag. Du kannst ein eigenes Thema wählen oder dich auf folgende Informationen beziehen.

| Fußballstar Michael Ballack und seine Simone sind kirchlich getraut. Das Brautpaar lebt bereits seit zehn Jahren zusammen und hat drei gemeinsame Söhne. | Dieter Bohlen will dieses Mal wirklich nett zu den Kandidaten sein. Tausende junger Menschen träumen davon, bei „Deutschland sucht den Superstar" ganz groß rauszukommen. |

11. Verfasse in deinem Heft ein Statement für oder gegen die Boulevardpresse.

12. Der Artikel stammt aus dem Jahr 2004. Damals startete das ZDF die erste deutsche Telenovela. Wie hat sich dieses Fernsehformat bis heute weiterentwickelt? Recherchiere.

© 2008 Cornelsen Verlag, Berlin. Alle Rechte vorbehalten.

Eintauchen und aufdecken

Die genauesten Informationen bekommt man als Journalist, wenn man selbst vor Ort ist.
Aber was, wenn einen vor Ort niemand haben will? Dann muss man sich etwas einfallen lassen.
Das aber ist oft schwierig, dauert lange und ist manchmal sogar gefährlich.

Aufgabe

1. Vergleiche die drei Personen auf den Abbildungen. Notiere, was dir auffällt.

_____

_____

_____

_____

_____

_____

_____

Fortsetzung auf Seite 33

© 2008 Cornelsen Verlag, Berlin. Alle Rechte vorbehalten.

Eintauchen und aufdecken

Aufgaben

2. Überprüfe deine Antwort aus Aufgabe 1 mit Hilfe der folgenden Informationen.

Zwischen 1963 und 1965 war der Journalist Günter Wallraff als Arbeiter in verschiedenen Großbetrieben tätig. Trotz sogenannter Wallraff-Steckbriefe in den Chefetagen der Unternehmen ist es ihm immer
5 wieder gelungen, vor Ort zu recherchieren, indem er stets eine andere Identität annahm. 1977 arbeitete Wallraff dreieinhalb Monate lang als Redakteur bei der Bild-Zeitung in Hannover. In dem Bestseller „Der Aufmacher. Der Mann, der bei „Bild" Hans Esser war"
10 schildert er seine Erfahrungen in der Lokalredaktion Hannover und weist der Bild-Zeitung schwere journalistische Versäumnisse und unsaubere Recherchemethoden nach. Ab 1983 arbeitete Wallraff zwei Jahre lang als türkischer Gastarbeiter „Ali Levent
15 Sinirlioglu" bei verschiedenen Unternehmen. Seine als äußerst negativ empfundenen Erfahrungen vom Umgangston gegenüber Gastarbeitern über Steuerspartricks der Firmen bis hin zur Verletzung elementarer Arbeitsschutzregeln beschrieb er ausführlich in dem Buch „Ganz unten". Seit Mai 2007 recherchiert 20 Wallraff für das Zeit-Magazin „Leben". Bei den Recherchen für die erste Reportage dieser Reihe verkaufte er in einem Call-Center Systemlotto-Scheine. Da die Branche keine „älteren Leute" einstelle, nahm Wallraff mit Hilfe eines Maskenbildners die Identität 25 eines 16 Jahre jüngeren Mannes an. Für die zweite Reportage dieser Reihe arbeitete Wallraff 2008 einen Monat in einer Brotfabrik und veröffentlichte im Zeit-Magazin den Artikel „Unser täglich Brötchen", in dem er neben der schlechten Bezahlung die Ar- 30 beitsbedingungen, Sicherheitsmängel und Hygienezustände kritisierte.

3. Günter Wallraffs Art, Informationen zu beschaffen, wird mit dem Fachbegriff „investigativer Journalismus" bezeichnet. Erkläre mit Hilfe der Informationen aus Aufgabe 2, was das Wort „investigativ" bedeutet.

_____

_____

_____

4. Sich verkleiden und eine andere Identität annehmen? Findest du Wallraffs Recherche-Methoden in Ordnung? Begründe deine Meinung.

_____

_____

_____

_____

_____

_____

5. Oft wird behauptet, der Journalismus erfülle seine Aufgabe als „Vierte Gewalt" (neben den drei Gewalten „Gesetzgebung, Ausführung der Gewalt und richterliche Gewalt") erst durch Recherchen, wie sie von Günter Wallraff durchgeführt werden. Verfasse eine Stellungnahme zu dieser Behauptung.

© 2008 Cornelsen Verlag, Berlin. Alle Rechte vorbehalten.

Intelligente Werbung für intelligente Leser?

In einer groß angelegten Werbekampagne werben die Zeitungsverleger für sich selbst:

Aufgaben

1. Sieh dir die Werbeanzeige an und notiere, was dir spontan auffällt.

_____

_____

_____

2. Beschreibe die Werbeanzeige genau.
   a) Schreibe die Textelemente der Werbung heraus.

_____

_____

   b) Beschreibe die Textelemente. Was fällt dir in Bezug auf die Schrift und den Standort
      der Textelemente auf?

_____

_____

   c) Beschreibe das Foto.

_____

_____

   d) Erkläre, in welchem Zusammenhang das Foto und die dazugehörige Schlagzeile stehen.

_____

_____

   e) Welche Vorstellungen kann die Schlagzeile „Wieder rätselhafte Kornkreise entdeckt"
      beim Leser hervorrufen? Notiere.

_____

_____

   f) Erläutere den Zusammenhang zwischen den beiden Meldungen.

_____

_____

_____

_____

34

Fortsetzung auf Seite 35

© 2008 Cornelsen Verlag, Berlin. Alle Rechte vorbehalten.

Intelligente Werbung für intelligente Leser?

Aufgaben

3. Erläutere, was mit der Werbung auf Seite 34 ausgesagt werden soll. Beziehe dabei auch den Leitspruch der Kampagne mit ein: „**Die Zeitungen. Wer liest, versteht.**"

_____

_____

_____

_____

4. Erkläre möglichst genau, was der Leser der Anzeige leisten muss, damit er die Werbung versteht.

_____

_____

_____

_____

_____

5. Vergleiche die folgende Werbung mit der ersten auf Seite 34. Was haben die beiden Werbeanzeigen gemeinsam? Notiere.

_____

_____

_____

_____

6. Erkläre die Vorgehensweise der Werbefachleute. Wie ist die Anzeige gemacht?

_____

_____

7. Entwickle selbst eine Anzeige, in der du für das Zeitunglesen wirbst.
   a) Notiere zunächst, wie du vorgehen musst. Orientiere dich dabei an deinen Ergebnissen aus den Aufgaben 2 bis 5.
   b) Gestalte nun deine Anzeige im Stil der Werbekampagne der Zeitungsverleger.

© 2008 Cornelsen Verlag, Berlin. Alle Rechte vorbehalten.

Haben Zeitungen eine Zukunft?

Aufgabe

1. Untersuche den Text.
   a) Überfliege den Text. Notiere anschließend, worum es deiner Meinung nach in diesem Text geht.

   _____

   _____

   b) Lies den Text genau:
   - Markiere Schlüsselwörter.
   - Schreibe Fragen an den Textrand.
   - Kläre unbekannte Wörter aus dem Zusammenhang oder mit Hilfe eines Wörterbuchs.

Es darf auch seriös sein

Der Philosoph Jürgen Habermas macht sich Sorgen um die Zukunft der seriösen Presse in Deutschland, und das ist ihm hoch anzurechnen. Er gehört seit seinem Buch „Strukturwandel der Öffentlichkeit" zu den besten Kennern, seine Stimme hat großes Gewicht. Nun nimmt er den bevorstehenden
5 Verkauf der Mehrheit der Anteile an der Süddeutschen Zeitung zum Anlass seiner Intervention. Dass er dies ausgerechnet in einem Artikel für die Süddeutsche Zeitung tut, zeigt schon, was ihm besonders bewahrenswert erscheint: Redakteure und natürlich Verleger, die unabhängig und souverän genug sind, sich kritische Töne auch in eigener Sache zu leisten. Aber ist die
10 SZ, „eine der beiden besten überregionalen Tageszeitungen der Bundesrepublik", wie Habermas sie lobt, sind die Qualitätszeitungen insgesamt tatsächlich in Gefahr?
Habermas fürchtet sich vor Unternehmern oder Investoren, deren Gewinnerwartung über dem liegt, was aus einer anspruchsvollen Zeitung herauszu-
15 pressen ist. Dann drohten Rationalisierungsmaßnahmen und Qualitätsverlust. Dabei geht es ihm nicht allein um die Einhaltung journalistischer Standards, sondern um die Substanz der Demokratie schlechthin: Ohne „Leitmedien" gebe es keine vernünftige öffentliche Diskussion und letztlich auch keine Kontrolle der Politik. Um die Voraussetzung für die Meinungsbil-
20 dung der Bürger zu erhalten, brauche die Qualitätspresse deshalb einen besonderen Schutz. Was tun, wenn Zeitungen in Not geraten? Habermas deutet Hilfsmaßnahmen an: Das könnten, wie im Falle der wirtschaftlich tatsächlich gefährdeten Frankfurter Rundschau, staatliche Gelder sein oder Steuervergünstigungen für Verlegerfamilien – oder auch Stiftungen mit „öf-
25 fentlicher Beteiligung", was wohl auf ein Kontrollsystem wie beim öffentlich-rechtlichen Rundfunk hinausliefe.
Fast alle Qualitätsblätter in Deutschland sind heute schwer kalkulierbaren Risiken ausgesetzt. Aber es ist den immer noch erstaunlich vielen guten Zeitungen und Magazinen in Deutschland sehr zu wünschen, dass sie niemals
30 auf staatliche Hilfe angewiesen sein werden. Denn Zeitungen, die am Tropf hängen, müssen in aller Regel mehr Rücksichten nehmen als wirtschaftlich prosperierende Publikationen in der Hand eines Verlegers. Und wo die Akzeptanz auf dem Markt nicht mehr als Indikator für die eigene Leistung angesehen wird, können sich durch Subventionen alimentierte Journalisten
35 leicht ins Autistische verlieren. Dann wäre nur der Leser schuld, wenn er ihre Zeitung nicht mehr annimmt, oder, so könnte es vielleicht der mit den Jahren skeptischer gewordene Habermas überhöhen: die Moderne, die an sich selbst dumm geworden ist (oder an schlechter gewordenen Zeitungen).

Fortsetzung auf Seite 37

© 2008 Cornelsen Verlag, Berlin. Alle Rechte vorbehalten.

Haben Zeitungen eine Zukunft?

Im Übrigen verlassen sich nicht einmal die öffentlich-rechtlichen Rund-
40 funkanstalten allein auf die Vorlieben ihrer Mitarbeiter. Zwar sollten sie,
ruhig auch stärker als zuletzt, eine Grundversorgung mit allen Programmfor-
men leisten, unabhängig von der Einschaltquote. Aber den Anspruch auf
Akzeptanz durch das Publikum gibt keine vernünftig geführte Anstalt auf,
ohne ihre Existenzberechtigung zu riskieren.
45 In Wahrheit gehören die Zeitungen in Deutschland zu den besten der Welt,
deswegen haben sie auch Zukunft. Und wenn nicht, dann liegt es nur zum
Teil außerhalb ihrer Verantwortung. Die Süddeutsche Zeitung ist durchaus
ein Beispiel für einen journalistisch unverschuldeten GAU. Im Jahr 2002
wurde nämlich ein Marktgesetz außer Kraft gesetzt: Trotz einer steigenden
50 Auflage, also einer größeren Nachfrage, stand die Zeitung am Rande des Ru-
ins, weil der Anzeigenmarkt zusammengebrochen war. Spätestens seit dieser
für alle Zeitungsleute traumatisierenden Erfahrung müsste klar sein: Redak-
tionen müssen zeitweilig sparen, damit ihre Blätter wieder genesen, Verleger
müssen sich mit wechselnden und manchmal auch überschaubaren Rendi-
55 ten abfinden. Sind sie echte Verleger, und eben keine Heuschrecken, vor
denen sich Habermas fürchtet, und sind sie dazu nicht auf ein einziges Blatt
angewiesen, dann werden sie auch eine andere Währung schätzen als den
gewohnten Cashflow: Prestige und Einfluss, die ihnen die großen Titel in
Deutschland nach wie vor bescheren.
60 Die Entwicklung der Anzeigenmärkte wird unberechenbar bleiben, die Zeitungen werden darauf vielleicht wieder mit Preiserhöhungen reagieren müssen. Das wird den Kreis der Leserinnen und Leser eingrenzen, aber nicht
schmerzhaft dezimieren. [...]
Was die Zukunft des gedruckten Wortes zusätzlich belastet, ist leider selbst
65 verschuldet. Da sind zum einen Verleger und Manager auch profitabler Zeitungen und Zeitschriften, die den Eindruck erwecken, als gehörte allein ihren (noch unrentablen) Onlineangeboten die Zukunft, während Print eine
aussterbende Gattung sei – eine wirklich famose Werbung für ihre Blätter,
auf die sie noch lange angewiesen sein werden. Und da sind zum anderen
70 selbstzerstörerische Sparmaßnahmen, die in Deutschland einige Lokalzei-
tungen nahe an die Bedeutungslosigkeit gebracht haben.
Gerne wird auf den Leserschwund in Amerika verwiesen, als Menetekel für
eine weltweit unumkehrbare Entwicklung. Und kaum einer fragt, ob nicht
manchmal auch die Verlage haftbar gemacht werden müssen, wenn sich
75 Leser und Anzeigenkunden abwenden. Der amerikanische Medienforscher
Philip Meyer kommt in seinem Buch „The Vanishing Newspaper" zu dem
Schluss, dass „weniger Qualität das Vertrauen in die Zeitungen untergraben"
werde – ein vertrauenswürdiges Blatt dagegen sei auch für Anzeigen wertvol-
ler. Seine Kollegin Cho Sooyoung weist nach, dass 27 amerikanische Tages-
80 zeitungen mit verbesserter Qualität einen höheren Auflagenzuwachs hatten
als 98 Vergleichszeitungen. Man sieht also: Qualität kann sich auch auszah-
len.
Nie in der Geschichte gab es eine größere Informationsdichte und -vielfalt.
Unseligerweise macht dieses Angebot niemanden klüger. Es bedarf erst eines
85 Lotsen durch die Nachrichtenflut. Das ist die Chance der Presse, die Zeitungen der Zukunft sind Orientierungsmedien.
Habermas schreibt, keine Demokratie dürfe sich ein Marktversagen auf diesem Sektor leisten. Gute Journalisten und Verleger sowie ihre Leserinnen
und Leser können das ohne Hilfe von außen jeden Tag aufs Neue verhin-
90 dern.

Giovanni di Lorenzo

Fortsetzung auf Seite 38

© 2008 Cornelsen Verlag, Berlin. Alle Rechte vorbehalten.

Haben Zeitungen eine Zukunft?

Aufgaben

2. Beantworte die folgenden Fragen zum Text.
   a) Aus welchem Anlass macht sich Jürgen Habermas Sorgen um die Zukunft der Zeitung?

   _____

   _____

   b) Was kritisiert Habermas?

   _____

   _____

   c) Welchen Zusammenhang sieht Habermas zwischen der Existenz guter Zeitungen
      und der Demokratie?

   _____

   _____

   _____

   _____

   _____

   d) Auf welche Weise möchte Jürgen Habermas Qualitätszeitungen schützen?

   _____

   _____

   _____

   e) Wie stellt sich der Autor des Artikels, Giovanni di Lorenzo, zu den Vorgschlägen von Habermas?

   _____

   _____

   _____

   _____

3. Giovanni di Lorenzo nennt verschiedene Gründe dafür, dass seriöse Zeitungen in Schwierigkeiten
   geraten? Kreuze an, welche Gründe zutreffen.

   ❏ Die Leser interessieren sich nicht für Qualität.
   ❏ Verleger sehen nur in Onlineangeboten ihre Zukunft.
   ❏ Sparmaßnahmen führen zur Bedeutungslosigkeit.
   ❏ Der Aktienmarkt bricht zusammen.
   ❏ Die Informationsdichte ist zu hoch.
   ❏ Der Anzeigenmarkt bricht zusammen.

Fortsetzung auf Seite 39

© 2008 Cornelsen Verlag, Berlin. Alle Rechte vorbehalten.

Haben Zeitungen eine Zukunft?

Aufgaben

4. Beziehe die Informationen der Grafik
   auf den Artikel.
   a) Analysiere die Grafik: Was wird wie
      dargestellt?

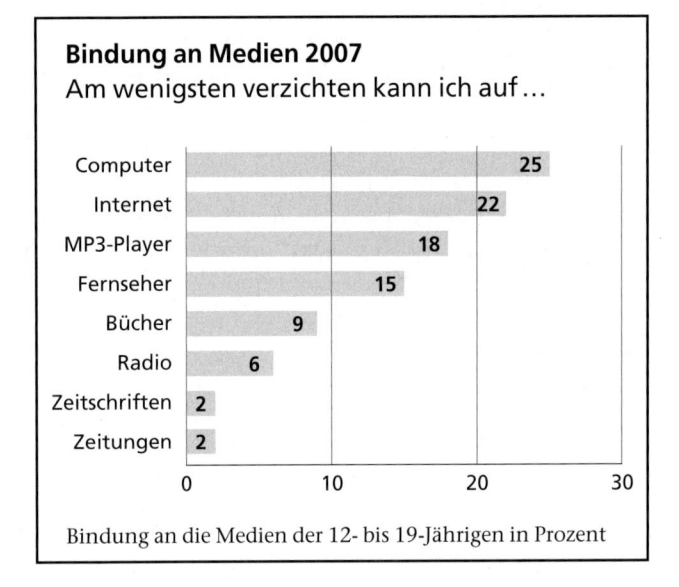

Bindung an Medien 2007
Am wenigsten verzichten kann ich auf …

Computer	25
Internet	22
MP3-Player	18
Fernseher	15
Bücher	9
Radio	6
Zeitschriften	2
Zeitungen	2

0   10   20   30

Bindung an die Medien der 12- bis 19-Jährigen in Prozent

   b) Fasse die Aussage der Grafik kurz zusammen.

   c) Schreibe auf, welche Aussagen des Artikels sich mit dieser Grafik stützen
      oder bestreiten lassen.

5. Nimm in deinem Heft Stellung zu der These: „Zeitungen verlieren in unserer Gesellschaft
   an Bedeutung."
   Gehe so vor:
   • Sammle Pro- und Kontra-Argumente.
   • Entscheide dich für eine Position.
   • Suche nach Belegen (Beispiele oder Zitate) für die Argumente,
     die deiner Position entsprechen.
   • Ordne deine Argumente. Beginne mit dem schwächsten.
   • Fomuliere deine Stellungnahme.

© 2008 Cornelsen Verlag, Berlin. Alle Rechte vorbehalten.

Information und Meinung – journalistische Textsorten

Journalistische Textsorten lassen sich von ihrer Intention, das heißt von ihrer Absicht her, in zwei große Gruppen einteilen:
- Textsorten mit Schwerpunkt **Information/Darstellung**
- Textsorten mit Schwerpunkt **Meinungsäußerung/Beurteilung/Wertung**

Das Wort „Schwerpunkt" weist darauf hin, dass es auch Überschneidungen gibt:
In einem Text mit dem Schwerpunkt Meinungsäußerung gibt es meist auch darstellende Passagen, die deutlich machen, auf welchen Sachverhalt sich die geäußerte Meinung bezieht.
Bei Texten mit dem Schwerpunkt Information/Darstellung legen die Verfasser seriöser Artikel dagegen meist großen Wert darauf, die Darstellung von Wertung frei zu halten.

Aufgaben

1. Ordne die folgenden Begriffe den beiden Gruppen zu. Gehe so vor:
   - Denke über die Wortbedeutung der Begriffe nach und nimm eine erste Zuordnung vor.
   - Überprüfe deine Zuordnung mit Hilfe der Kurzbeschreibungen unten auf der Seite. Korrigiere sie gegebenenfalls.

| Bericht | Glosse | Interview | Kommentar |

| Reportage | Rezension | Meldung/Nachricht |

Text mit Schwerpunkt Information/Darstellung	Text mit Schwerpunkt Meinungsäußerung

2. Warum legen die Autoren eines informierenden Textes Wert darauf, ihre Darstellung von Wertungen frei zu halten? Erläutere in deinem Heft.

Bericht: Klare und möglichst genaue Darstellung eines Vorgangs/eines Geschehens.
Glosse: Kurzer, bissiger, witziger, ironischer Kommentar.
Interview: Wörtlich wiedergegebenes Gespräch mit einer Person.
Kommentar: Persönliche Stellungnahme zu einem Ereignis, ausdrücklich wertend.
Reportage: Berichtet über ein Ereignis, informiert über Hintergründe, beschreibt anschaulich, bewertet und kommentiert das Ereignis.
Rezension: Kritische, positive oder negative Bewertung eines Buchs, eines Films, eines Theaterstücks oder einer CD.
Meldung/Nachricht: Ein Bericht von wenigen Zeilen.

© 2008 Cornelsen Verlag, Berlin. Alle Rechte vorbehalten.

Sagen, was Sache ist – wie informierende Texte aufeinander aufbauen

Journalistische Textsorten mit dem Schwerpunkt Information und Darstellung unterscheiden sich durch ihren Umfang und ihren Gegenstand. Bei Letzterem spielt der Aspekt der „Tagesaktualität" eine wichtige Rolle.

Aufgaben

1. Beschreibe mit Hilfe des Schaubilds, wie die fünf Textsorten miteinander zusammenhängen.

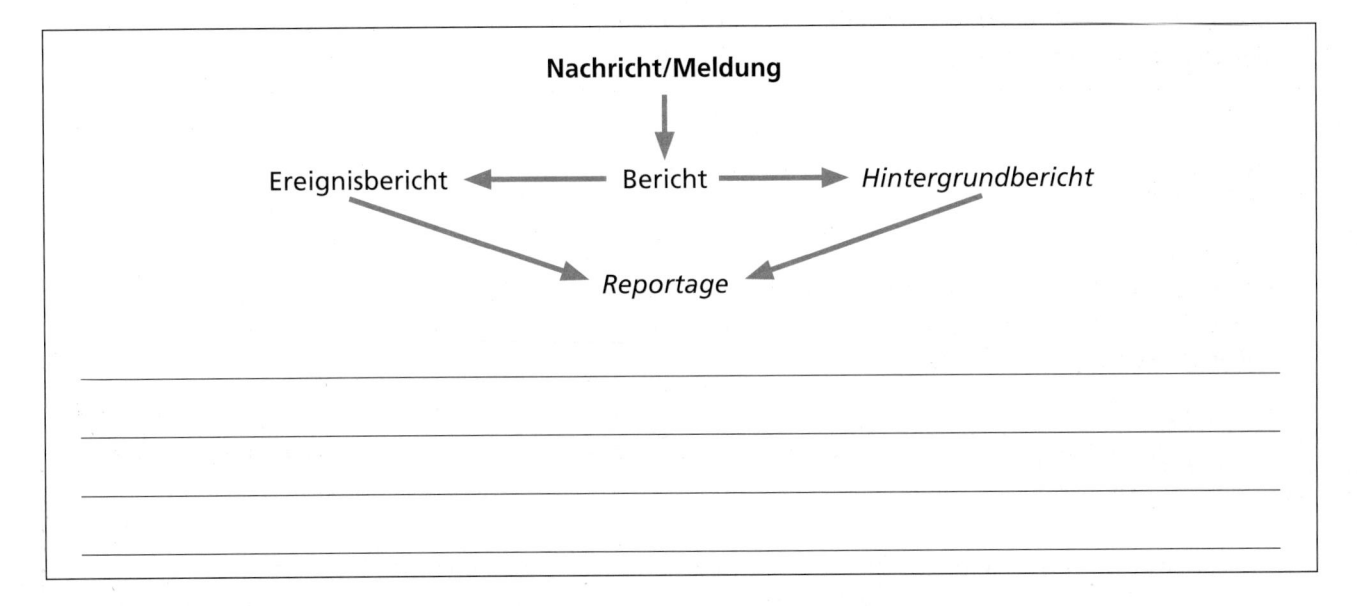

2. Erkläre, warum im Schaubild (Aufgabe 1) zwei Begriffe schräg (kursiv) geschrieben sind. Wieso passen sie nur zum Teil in das Schema?

3. In einer Reportage könntest du auch die folgenden Sätze lesen:

> Die technische Ausrüstung der Schule ist hervorragend, auf jeden zweiten Schüler kommt ein PC.

> Ich stehe hier direkt am Unfallort. Die Strecke ist zu beiden Seiten ungesichert und es erscheint fast wie ein Wunder, dass nicht längst etwas passiert ist.

Inwiefern gehen diese beiden Sätze über Information und Darstellung hinaus? Notiere.

4. Definiere mit Hilfe der Aufgaben auf dieser Seite die Textsorte „Reportage". Schreibe in dein Heft.

© 2008 Cornelsen Verlag, Berlin. Alle Rechte vorbehalten.

Wie find' ich denn das? – anderen die Meinung sagen

1. Es gibt eine Reihe journalistischer Textsorten, in denen die Meinungsäußerung im Vordergrund steht. Im Folgenden findest du eine Liste der Fachbegriffe und rechts eine Sammlung von Kurzdefinitionen. Ordne Fachbegriffe und Definitionen einander zu, indem du Linien ziehst.
Vorsicht: Einige Definitionen passen gar nicht; streiche sie durch.

Rezension	Kurzer, bissiger, witziger, ironischer Kommentar.
	Persönliche Stellungnahme zu einem Ereignis, ausdrücklich wertend.
Glosse	Wörtlich wiedergegebenes Gespräch mit einer Person.
	Sachlich-nüchterne Darstellung aktueller Ereignisse.
Kommentar	Kommentar eines Lesers zu einem bestimmten Zeitungsartikel.
Interview	Kritische (positive oder negative) Bewertung eines Buchs, eines Films, eines Theaterstücks oder einer CD.
Leserbrief	Verbindung von Darstellung eines konkreten Ereignisses mit Hintergrundinformationen.

2. Nur einer der beiden folgenden Sätze kommt aus einem meinungsäußernden Text. Kreuze an, welcher. Begründe anschließend, warum du den anderen Satz ausgeschlossen hast.

   ❏ Kopfnoten sollten wieder abgeschafft werden, denn sie sind sehr ungenau und vermitteln daher ein falsches Bild von einem Schüler.
   ❏ Der Vertreter der Elternschaft forderte, die Kopfnoten wieder abzuschaffen, da sie sehr ungenau seien und daher ein falsches Bild von einem Schüler vermitteln könnten.

   Ich habe den Satz Nr. _____ *nicht angekreuzt, weil* _____

   _____

   _____

   _____

   _____

3. Um die eigene Meinung anzukündigen, gibt es einige sprachliche Formeln. Ergänze mindestens fünf weitere.

   meiner Meinung nach, _____

   _____

   _____

   _____

   _____

© 2008 Cornelsen Verlag, Berlin. Alle Rechte vorbehalten.

Journalistische Textsorten für Fortgeschrittene

Hier findest du Textbeispiele für die häufigsten journalistischen Textsorten.

Aufgabe

1. Lies die Texte auf dieser und der nächsten Seite. Markiere dabei Textstellen, die einen Hinweis auf die Textsorte geben. Bearbeite anschließend die Aufgaben auf den Seiten 45 und 46.

① Opposition fordert erneut Geschwindigkeitsbeschränkung auf Autobahnen

Berlin – Der Bundestag debattierte gestern über schärfere Gesetze in der Straßenverkehrsordnung. Bundesverkehrsminister Tiefensee legte dem Parlament die Ergebnisse einer Studie vor, der zufolge die
5 Zahl der Unfälle mit Personenschäden in den letzten zwölf Monaten dramatisch zugenommen hat. Schon zuvor war der Ruf nach härterer Bestrafung, etwa von Rasern, laut geworden.
Regierung und Opposition waren sich darin einig,
10 dass dringend etwas geschehen müsse. Nicht einig war man sich allerdings hinsichtlich der Wahl der geeigneten Maßnahmen: Während die Opposition forderte …

② Die Börsianer zeigen Nerven

Frankfurt am Main – Peter Matter gerät immer mehr ins Schwitzen, und das liegt nicht nur an den sommerlichen Temperaturen. In der Frankfurter Börse, seinem Arbeitsplatz, sitzt er vor seinem PC und starrt
5 gebannt auf den Bildschirm. Dort werden ständig die aktuellen Kurse des DAX angezeigt, also der 30 größten und umsatzstärksten deutschen Unternehmen, und was Matter sieht, gefällt ihm gar nicht. „Wenn das so weitergeht wie in den letzten drei Ta-
10 gen, steuern wir unaufhaltsam in die Rezession", stöhnt der Analyst. „Und was das für die deutsche Wirtschaft bedeutet, mag ich mir gar nicht ausmalen."
Schon seit Längerem zeigen sich drohende Wolken
15 am Börsenhimmel. Angefangen hat das vor Jahresfrist damit, dass der Ölpreis die magische Marke von 100 Dollar pro Barrel überschritt. Damit schien regelrecht ein Damm gebrochen zu sein: …

③ Moby Dick

Der Jahrhundertroman Hermann Melvilles endlich in einer vollständigen und angemessenen Übersetzung
Um Hermann Melville machen sich in den letzten Jahren mehrere Verlage und Übersetzer verdient. Für ihren verlegerischen Mut sind neben dem renommierten Hanser Verlag vor allem auch die kleine
„Achilla Presse" und der Verlag „Jung und Jung" zu 5 loben.
Matthias Jendis hat nun das Hauptwerk Melvilles, „Moby Dick", in ein klares und flüssiges Deutsch gebracht, ohne die Eigentümlichkeiten von Melvilles Stil unnötig zu glätten. Seemännisches Fachvokabu- 10 lar wird den Lesern dieser Ausgabe ebensowenig vorenthalten wie die vielen walkundlichen Abschweifungen Melvilles, die diesem Romanungeheuer aber erst den ihm eigenen Rhythmus geben. Der überaus kenntnisreiche Kommentar … 15

④ Kopfnoten – nein danke!

Was für ein Hick-Hack um die Kopfnoten! Zuerst werden sie als die wichtigsten pädagogischen Neuerungen verkauft („Neuerungen" übrigens, die es auch vor 30 Jahren schon mal gab), als Möglichkeit, die immer schwieriger werdenden Kids zu diszipli- 5 nieren – und jetzt rudert man schon kräftig zurück: Privatschulen in kirchlicher Trägerschaft können Kopfnoten geben, müssen es aber nicht. Am Ende des ersten Schulhalbjahres mussten übrigens einige Schulen, die sich geweigert hatten, Kopfnoten zu 10 verteilen, die noch nachreichen. Was für ein Hin und Her! Aber wer gemeint hatte, dass man mit ein paar Noten über Verhalten erziehen könne, lag ohnehin völlig daneben. Was Elternhaus und Schule bis dahin versäumt haben, kann man nicht mit ein 15 paar Noten aufarbeiten …

Fortsetzung auf Seite 44

© 2008 Cornelsen Verlag, Berlin. Alle Rechte vorbehalten.

⑤ Verkehrschaos auf dem Kölner Autobahnring

Köln – Ein schwerer Lastwagenunfall löste gestern auf dem Kölner Autobahnring ein Verkehrschaos aus. Bei regennasser Fahrbahn war der Transporter ins Schleudern geraten und umgekippt. Der Inhalt
5 – Getränkekästen – wurde über die ganze Fahrbahn verstreut.

⑥ Sieg für die Roten aus Italien

Monaco – Wieder einmal waren die Roten aus Italien nicht zu schlagen: Beim Formel I-Lauf in Monaco holten sie sich wieder den Sieg. Bereits von der ersten Runde an führte der Ferrari-Pilot. Ein fälliger Reifen-
5 wechsel kostete ihn dann zwar zunächst einige wertvolle Sekunden, die er aber souverän wieder herausfuhr. So konnte ihm schließlich niemand den Sieg nehmen.

⑦ „Erfolg kann auch belasten"

Die Intendantin spricht im Interview über ihre erste Spielzeit und die Zukunft ihres Hauses.

DIE ZEITUNG: Ihre erste Saison ist vorbei und es hätte wohl kaum besser laufen können. Gerade haben Kritiker Ihr Theater in seltener Einmütigkeit zum besten Haus des Jahres gekürt. Ist das ein besonderer
5 Ansporn für Sie oder können Sie sich jetzt entspannt zurücklehnen?

INTENDANTIN: Ja, es ist so positiv, dass es schon wieder beängstigend ist. Aber ein Zurücklehnen kommt natürlich nicht in Frage. Wir müssen die
10 empfangenen Lorbeeren jetzt von Spielzeit zu Spielzeit bestätigen. Und eins ist klar. Wir stehen jetzt unter besonderer Beobachtung.

DIE ZEITUNG: Ist es dann kein besonderes Wagnis, sich ausgereicht an Ibsen heranzuwagen?

[...]

⑧ Kurssturz

Frankfurt am Main – Zum zweiten Mal in diesem Jahr gab es gestern an der Frankfurter Börse erhebliche Kurseinbrüche. Den Grund sahen die Analysten in dem weiter steigenden Ölpreis, der vielen Branchen zu schaffen macht. Der DAX lag bei Börsen- 5 schluss bei XYZ.

⑨ Kopfnoten?

Was wird hier benotet? Die Form des Kopfs? Eierkopf oder Quadratschädel? Oder doch das, was drin ist? Intelligenz, Auffassungsgabe, Kreativität? Nein, natürlich nicht. Es geht um Wohlverhalten, um Sittsamkeit. Unter den olympischen Disziplinen wäre 5 die Kopfnote vergleichbar mit dem Dressurreiten … Zu unseren seligen Schulzeiten zeigte sich übrigens immer eine sehr seltsame Übereinstimmung zwischen der Höhe der Kopfnoten und dem sonstigen Notendurchschnitt. Mein Freund Peter zum Beispiel. 10 Ich kann mich an keine Stunde erinnern, in der er keinen Handstand auf dem Tisch gemacht hätte. Aber knackintelligent. Und was soll ich sagen. Obenrum nur Einser. Die arme Susi hingegen: stumm, unsichtbar, im Schlechten und leider auch im Guten 15 niemals auffällig. Und in den Kopfnoten: ein einziges Desaster …

Fortsetzung auf Seite 45

© 2008 Cornelsen Verlag, Berlin. Alle Rechte vorbehalten.

Journalistische Textsorten für Fortgeschrittene

Aufgabe

2. Beschreibe die Texte auf den Seiten 43 und 44 in der linken und mittleren Tabellenspalte und bestimme anschließend die Textsorten.
Tipp: Folgende Textsorten kommen vor:
Kommentar, Reportage, Nachricht, Bericht, Interview, Rezension, Glosse.

Nr.	Stichworte zum Inhalt (maximal drei Wörter)	Eigenarten des Textes (Auffälligkeiten, Besonderheiten)	Textsorte
1			
2			
3			
4			
5			
6			
7			
8			
9			

Fortsetzung auf Seite 46

© 2008 Cornelsen Verlag, Berlin. Alle Rechte vorbehalten.

Journalistische Textsorten für Fortgeschrittene

Aufgabe

3. Warum gibt es eigentlich verschiedene journalistische Textsorten?
   Beschreibe anhand der Textbeispiele auf den Seiten 43 und 44, was die einzelnen Textsorten leisten
   (mittlere Tabellenspalte) beziehungsweise, was sie nicht leisten können (rechte Tabellenspalte).
   Tipp: Übertrage deine Ergebnisse aus Aufgabe 1 in die linke Tabellenspalte.

Nr.	Textsorte	Was die Textsorte leistet	Was die Textsorte nicht leistet
1			
2			
3			
4			
5			
6			
7			
8			
9			

© 2008 Cornelsen Verlag, Berlin. Alle Rechte vorbehalten.

Filmrezensionen – Angriff der Roboter

Auf dieser Seite kannst du zwei Rezensionen zum selben Film vergleichen.
"

Aufgaben

1. Lies beide Rezensionen und markiere Textstellen, in denen die Autoren den Film bewerten.

I, Robot

Ein Mord wurde verübt und Detective Spooner hegt einen abstrusen Verdacht. Der Täter war ein Roboter der NS 5-Reihe, die seit Kurzem vom Konzern US Robotics an alle Haushalte ausgeliefert wurde.

5 Diese mechanischen Wesen können prinzipiell alles. Sie kochen das Abendessen, führen den Hund Gassi und die Bankangelegenheiten regeln sie auch. Einen eigenen Kopf haben sie nicht und sie dürfen auch keinem Menschen etwas zu Leide tun.

10 Aber Spooner denkt anders und versichert sich der Hilfe der Robot-Psychologin Susan Calvin. Dann gibt es einen weiteren Toten und eine schreckliche Ahnung droht sich zu bewahrheiten. [...] Die Hauptfigur ist nicht dem Titel gemäß ein Robo-

15 ter, sondern ein Roboter-Hasser, gespielt von Will Smith, der seine komischen Faxen zwar im Zaum behält, aber mit edlem Ghetto-Look und penetrant ausgestellter Coolness letztlich nur dem eigenen Image zuarbeitet.

20 Das gesamte sonstige Schauspieleraufgebot (die schöne Bridget Moynahan, Bruce Greenwood und James Cromwell) ist einfach nur Staffage für den Star und die Effekte. Es passt immerhin zum Thema, dass der Titelstar, der vom Schauspieler Alan Tudyk ver-

25 körperte Roboter Sonny, in seiner glorreichen Animation zum einzigen wirklich lebendigen, weil anrührenden Charakter avanciert. Der Film drumherum erzählt seine Geschichte so, wie man das eben derzeit bei einem sündhaft teuren

30 Hollywood-Film so macht – lähmend vorhersebar. Dieser Film könnte in der Tat von einem Roboter entworfen worden sein.

Thomas Krone

„I, Robot": Will Smith als Roboter-Jäger

Die Erde im Jahr 2035. Roboter gehören zum Alltag. Sie sind auf die Rolle von Dienern reduziert: höflich, pflichtbewusst, emotionslos. Und angeblich völlig sicher für den Menschen …

Hamburg (dpa) - Die gute Nachricht für Fans von Will Smith ist: Auch wenn mit ihm ein Science-Fiction-Klassiker wie „I, Robot" verfilmt wird, kommt trotzdem ein typischer Will-Smith-Blockbuster her-

5 aus. Die schlechte Nachricht für die Leser: Sie werden das Buch nicht wiedererkennen. Das mehr als 50 Jahre alte Original des berühmten Visionärs Isaac Asimov war eine Sammlung von Kurzgeschichten, kleiner philosophischer Studien über die Grenzen

10 der Roboter-Logik und das Zusammenleben von Mensch und Maschine. Spätestens wenn Smith sich zur Mitte des Films gegen eine Horde Killerroboter zur Wehr setzen muss, wird klar, dass der Film eine ganz andere Richtung einschlägt. Der „Terminator"

15 lässt grüßen.

Die Erde im Jahr 2035. Roboter gehören zum Alltag. Sie sind auf die Rolle von Dienern reduziert: höflich, pflichtbewusst, emotionslos. Und angeblich völlig sicher für den Menschen dank der drei Gesetze der

20 Robotik [...]

Andrej Sokolow

2. Fasse das Urteil der beiden Rezensionen über den Film „I, Robot" in einem Satz zusammen.

_____

_____

_____

Fortsetzung auf Seite 48

© 2008 Cornelsen Verlag, Berlin. Alle Rechte vorbehalten.

Aufgaben

3. Fasse die jeweiligen Begründungen des Urteils in Stichworten zusammen. Schreibe in die Tabelle.

Text 1: I, Robot	Text 2: „I, Robot": Will Smith als Roboter-Jäger

4. Hinter dem Urteil über einen Film, einen Roman oder eine Theateraufführung stehen oft grundsätzliche Überzeugungen, wie ein Film (ein Roman usw.) sein sollte. Diese grundsätzlichen Überzeugungen stehen allerdings in der Regel nicht ausdrücklich in der Rezension; man muss sie vielmehr erschließen.
Formuliere einige grundsätzliche Überzeugungen, die du aus den beiden Rezensionen über „I, Robot" erschließen kannst.

_____

_____

_____

_____

_____

_____

5. Greife einen der Grundsätze aus Aufgabe 4 heraus und nimm in Form eines Leserbriefes dazu Stellung.

Sehr geehrter Herr XY,

ich möchte mit den folgenden Zeilen zu Ihrer Rezension des Films „I, Robot" Stellung nehmen.

_____

_____

_____

_____

_____

_____

_____

Fortsetzung auf Seite 49

© 2008 Cornelsen Verlag, Berlin. Alle Rechte vorbehalten.

Aufgaben

6. Die beiden Rezensionen sind unterschiedlich aufgebaut. Beschreibe ihren Aufbau.

   Text 1:

   _____

   Text 2:

   _____

7. Welche Vorzüge hat der jeweilige Aufbau der Rezensionen deiner Ansicht nach? Notiere.

   _____

   _____

   _____

8. Wähle einen der Texte aus und verfasse eine kleine „Rezension der Rezension".
   Beziehe dich dabei auf den Aufbau der Rezension.

   _____

   _____

   _____

   _____

   _____

9. Der zweite Text endet mit folgenden Sätzen:

   > „Gegen die drei Gesetze eines Will-Smith-Films – es muss krachen, knallen, cool sein – haben die subtilen Robotik-Regeln aber natürlich das Nachsehen. Fast schon symbolisch für den Unterschied zwischen dem Film und Asimovs Geschichten ist eine Szene, in der Spooner den flüchtigen Robot aus einer Masse von 1000 gleich aussehenden Artgenossen herausfiltern muss. In einer ähnlichen Situation der literarischen Vorlage stellen die Menschen dem Roboter eine intellektuelle Falle. Smith zückt seine futuristische Waffe."

   Was möchte der Verfasser der Rezension mit seiner Feststellung, dieser Unterschied sei „fast schon symbolisch", sagen? Erläutere.

   _____

   _____

   _____

© 2008 Cornelsen Verlag, Berlin. Alle Rechte vorbehalten.

Ein Ereignis – zwei Berichte: Lesersteuerung durch Auswahl

Nicht nur durch Wertungen, auch durch die Auswahl an Informationen kann man die Meinung eines Lesers beeinflussen.

Roboter mit der Lizenz zur Fortpflanzung

London/Ithaca (dpa) – Ein neuer Roboter aus vier scheinbar einfachen Würfeln baut sich selber binnen zweieinhalb Minuten nach. Diese Erfindung zeige, dass die Reproduktion nicht der Biologie allein
5 vorbehalten sei, schreiben die Konstrukteure im britischen Wissenschaftsmagazin „Nature" (Bd. 435, S. 163) von diesem Donnerstag. Die Fähigkeit zur Reproduktion könne für Roboter im Weltall oder in anderen gefährlichen Umgebungen nützlich sein,
10 meinen die Wissenschaftler um Hod Lipson von der Cornell-Universität in Ithaca (US-Staat New York). Wartung oder Reparatur durch Menschen seien an solchen Orten meist nur schwer oder gar nicht möglich.
15 Die Würfel, aus denen die Roboter bestehen, sind zehn Zentimeter hoch und werden von Elektromagneten zusammengehalten. Um sich „fortzupflanzen", holt sich die Maschine weitere Würfel von einer Nachschubstelle und fügt sie zusammen, bis eine
20 identische Kopie entstanden ist. Die Steuerung der Elektromagneten entscheidet dabei selbstständig, wann Verbindungen zwischen den einzelnen Würfeln gehalten und gelöst werden müssen. Der neue Roboter kann sich dann ebenfalls selbst nachbauen,
25 was die Forscher als wichtiges Merkmal einer echten Reproduktion unterstreichen.

(dpa)

Mach mir ein Maschinenkind

Wissenschaftler der Cornell University haben ein Gerät entwickelt, das aus Ersatzteilen Kopien seiner selbst herstellen kann.
Wenn sich das Marsfahrzeug Opportunity vermehren könnte, wäre alles halb so schlimm. Seit dem
5 26. April steckt der Nasa-Rover im Sand auf der Planetenoberfläche fest. In Zukunft sollen Roboter in solch festgefahrenen Situationen Kopien ihrer selbst herstellen können – aus mitgelieferten Bauteilen.
Dann wäre ihr Totalausfall auf Missionen im All oder
10 beim Einsatz in unwirtlichen Regionen auf der Erde nur noch eine Frage der Zeit. Ein Team um Victor Zykov von der Cornell University im US-Bundesstaat New York ist dieser Vision einen Schritt näher gekommen. Die Ingenieure haben eine Maschine vor-
15 gestellt, die sich selbst reproduziert, also Nachbauten ihrer selbst herstellt, welche sich dann wiederum duplizieren können (Nature, Bd. 435, S. 163, 2005). Das Gerät besteht aus einem Turm von vier Würfeln mit zehn Zentimetern Kantenlänge. Ihr System sei
20 zwar simpel, aber es demonstriere, dass Selbstreproduktion nicht nur eine Domäne der Biologie sei, schreiben die Ingenieure. Auch Wolfram Burgard, Leiter des Labors Autonome Intelligente Systeme an der Universität Freiburg, sieht in den Würfeln ein
25 interessantes Prinzip, auch wenn es an Orten wie dem Mars kein Ersatzteillager für die Reproduktion gebe.
Bis Opportunity Nachwuchs bekommt, wird es ohnehin noch dauern: „Von sich selbst reproduzieren-
30 den Robotern sind wir noch weit entfernt", sagt Burgard.

Ingo Arzt

Aufgabe

1. Vergleiche die beiden Artikel miteinander und benenne möglichst knapp ihr gemeinsames Thema.

_____

_____

_____

_____

Fortsetzung auf Seite 51

© 2008 Cornelsen Verlag, Berlin. Alle Rechte vorbehalten.

Aufgaben

2. Benenne in Stichworten die Unterschiede zwischen den Artikeln,
   die dir beim ersten Lesen aufgefallen sind.

3. Kann die Konstruktion eines Roboters, der sich selbst fortpflanzt, nun in Serienproduktion gehen
   oder nicht? Kreuze an, was deiner Meinung nach zutrifft.

   ❑ Ja, das ist möglich.   ❑ Nein, das ist noch nicht möglich.

4. Was die Fähigkeit zur Selbstreproduktion angeht, so geben beide Artikel die Bewertung
   der amerikanischen Wissenschaftler wieder. Der Artikel „Mach mir ein Maschinenkind"
   liefert aber zusätzlich noch die Einschätzung eines deutschen Wissenschaftlers.
   Halte die Einschätzungen mit eigenen Worten fest.

   Die Bewertung der amerikanischen Wissenschaftler:

   Die Einschätzung des deutschen Wissenschaftlers:

5. Was denkt der Leser des ersten Textes über die neue Erfindung?
   Was denkt der Leser des zweiten Textes? Stelle auf der Grundlage deines Vergleichs
   (Aufgabe 1 bis 4) dar, wie man die Meinung der Leser durch die Auswahl der Informationen
   beeinflussen kann.

Fortsetzung auf Seite 52

© 2008 Cornelsen Verlag, Berlin. Alle Rechte vorbehalten.

Die beiden Berichte unterscheiden sich nicht nur im Hinblick auf die Informationsauswahl,
sie unterscheiden sich auch in Bezug auf ihre Machart.

Aufgaben

6. Bewerte die beiden Artikel unter dem Aspekt der Sachlichkeit. Kreuze an.

   „Roboter mit der Lizenz zur Fortpflanzung"
   Die Überschrift ist meiner Meinung nach:

sehr sachlich	3 ❏	2 ❏	1 ❏	0 ❏	1 ❏	2 ❏	3 ❏	weniger sachlich

   Der Text ist meiner Meinung nach:

sehr sachlich	3 ❏	2 ❏	1 ❏	0 ❏	1 ❏	2 ❏	3 ❏	weniger sachlich

   „Mach mir ein Maschinenkind"
   Die Überschrift ist meiner Meinung nach:

sehr sachlich	3 ❏	2 ❏	1 ❏	0 ❏	1 ❏	2 ❏	3 ❏	weniger sachlich

   Der Text ist meiner Meinung nach:

sehr sachlich	3 ❏	2 ❏	1 ❏	0 ❏	1 ❏	2 ❏	3 ❏	weniger sachlich

7. Schreibe einen kurzen Kommentar zu deinen Ergebnissen aus Aufgabe 6.

   _____

   _____

   _____

   _____

   _____

8. Der Artikel „Mach mir ein Maschinenkind" steigt ganz anders in das Thema ein
   als der Artikel „Roboter mit der Lizenz zur Fortpflanzung".

   a) Benenne kurz den Unterschied.

   _____

   b) Bewertest du diesen Einstieg eher positiv oder eher negativ? Unterstreiche und begründe.

   Ich finde den Einstieg von „Mach mir ein Maschinenkind" eher positiv / eher negativ, weil

   _____

   _____

© 2008 Cornelsen Verlag, Berlin. Alle Rechte vorbehalten.

Erzählung oder Bericht? – eine Textsorte erkennen

Aufgaben

1. Lies zunächst nur die Überschrift des Textes und schreibe auf, was du von dem Text erwartest:

   _____

   _____

2. Lies den Text nun einmal zügig durch und beantworte anschließend folgende Frage:
   „Handelt es sich nur um die Spielerei von Wissenschaftlern oder um mehr?"

   _____

   _____

   _____

Dribbeln im Dienste der Wissenschaft

Binnen kürzester Zeit müssen Spielsituationen analysiert und in planvolles Handeln umgesetzt werden.

Der rote Spieler läuft an zum Strafstoß, hebt kurz den Kopf, knickt dann dynamisch die Vorderbeine ein und stupst den orangefarbenen Ball mit der Schnauze kraftvoll Richtung Tor. Der Torwart will parieren,
5 wirft seinen Körper auf den grünen Boden und breitet seine Beine aus wie eine Krabbe ihre Zangen. Doch vergebens, die Kugel schlägt unhaltbar neben ihm ein. Das Spiel ist aus, der Jubel grenzenlos, Deutschland Fußballweltmeister. Wovon die ganze
10 Nation träumt für 2006, gelang im Sommer einer Mannschaft von Computerspezialisten aus Berlin, Bremen, Dortmund und Darmstadt im japanischen Osaka mit ihren Roboter-Hunden: Im Finale der Vierbeiner-Liga des „RoboCups" besiegten sie die
15 starken Australier mit 4 : 3 nach Elfmeterschießen. Im Wissenschaftspark Berlin-Adlershof sind die Champions zu Hause: Vier knapp dackelgroße „Aibo"-Roboter, die von der Firma Sony ursprünglich für den Spielzeugmarkt entwickelt und mit ei-
20 nem Computerhirn ausgestattet wurden, das zunächst nicht die Spur einer Ahnung von Fußball hat. Damit ein solches Haustier-Dummerle laufen und dribbeln, angreifen, verteidigen, Ball halten und schießen kann, muss ihm jede einzelne dieser Opti-
25 onen erst eingepflanzt werden. Seit sechs Jahren tüfteln mehrere Doktoranden[1] und ein halbes Dutzend Studenten der Berliner Humboldt-Universität an der Fußball-Programmierungs-

technologie. Unzählige Arbeitsstunden gingen schon drauf für Abertausende von Programmie-
30 rungsschritten. Bevor die Deutschen Weltmeister wurden, hatten sie 250 000 Zeilen so genannten „Quellcode" geschrieben – bei Informatikern ein beliebtes Maß für die Komplexität eines Programms. Von fließenden Spielzügen oder gar einer fußballeri-
35 schen Taktik kann noch nicht die Rede sein. Die Roboter-Hunde haben noch keinen Doppelpass drauf und keine Ahnung von der Abseitsfalle. Viel wichtiger aber ist ohnehin: Roboterfußball spielt heute eine dominierende Rolle in der Forschung über
40 künstliche Intelligenz. Langfristig träumen die Wissenschaftler von Robotern, die sich im Alltag zurechtfinden oder – eines der großen Betätigungsfelder der Zukunft – in Katastrophen-Szenarien eingesetzt werden können. Darum probieren sie al-
45 les Mögliche aus. Neben den Vierbeinern gibt es auch Roboter, die auf Rädern fahren. Oder humanoide Roboter, die auf zwei Beinen stehen. Was wie ein Spiel aussieht, ist also ernsthafte wissenschaftliche Arbeit. „Zuallererst macht Fußball natür-
50 lich unglaublich viel Spaß", schmunzelt Hans-Dieter Burkhard, Leiter der Berliner Forschungsgruppe. „Zweitens haben wir aber ziemlich schnell gelernt, dass es zum Beispiel sehr viel mehr Intelligenz erfordert, einen Ball zu erkennen, als etwa Schach zu spie-
55 len." 1997, als der Computer „Deep Blue" den amtierenden Schachweltmeister Garri Kasparow besiegte, glaubte man noch, Schach sei in puncto Intelligenz

[1] Doktorand = Wissenschaftler, der gerade eine Doktorarbeit schreibt

Fortsetzung auf Seite 54

© 2008 Cornelsen Verlag, Berlin. Alle Rechte vorbehalten.

das Maß aller Dinge. Das ist lange vorbei. Denn beim
60 Schach hat der Rechner im Prinzip alle Zeit der Welt
für den einzelnen Schachzug, der sich auf eine konkrete, jeweils nur minimal veränderte Brettsituation
bezieht. Ganz anders beim Fußball: Hier sind blitz-
schnelle Entscheidungen gefragt. Binnen kürzester
65 Zeit müssen Spielsituationen nicht nur wahrgenom-
men, sondern auch neu analysiert und anschließend
sofort in planvolles Handeln übersetzt werden – ein
gravierender Unterschied zum bedächtigen Denk-
sport.
70 „Für ein Lebewesen zeigt sich Intelligenz darin, wie
gut es sich in einer unbekannten Umwelt zurechtfin-
det, wie es auf unerwartete Situationen reagiert und
damit umgeht“, erklärt Hans-Dieter Burkhard: „Fußball ist in gewisser Weise so eine unbekannte Um-
75 welt, da man ja nie weiß, was der Gegner als Nächstes
tut.“
Was zum Beispiel der Ball ist, muss so ein Roboter
überhaupt erst einmal erkennen. Auf den Bildern der
beweglichen Kamera, die ihm als Auge dient, ist der
80 Ball oft verdeckt oder erscheint oval. Die nächste
Schwierigkeit besteht darin, die wahrgenommenen
Ausschnitte aus der Welt zu interpretieren und ein
Gesamtbild dessen zu erstellen, was vor sich geht:
Wo wird der Ball hinrollen? An welcher Stelle kann

ich ihn erwarten? Wie muss ich mich auf meine Mit- 85
spieler und Gegner einstellen?
Zu allem, was der Mensch spielerisch tut, soll auch
der Roboter im Stande sein. Intelligenz, das steht inzwischen außer Frage, ist an den Körper gebunden,
den sie bewohnt. Köpfchen und Körper braucht es 90
auch beim Fußball. Dieses Spiel hat als Experiment
zudem entscheidende Vorteile: Das Feld ist begrenzt,
Aufgaben und Regeln sind klar umrissen. Und der
Wettbewerb spornt an. Fußballroboter sind als kör-
perliche Hülle für die ihnen einprogrammierte Intel- 95
ligenz insofern ein ausgezeichneter Kompromiss.
Berlin-Adlershof, Trainingsspiel zwei gegen zwei.
Der blaue Verteidiger ist extrem gut drauf. Immer
wieder und mit voller Power stört er erfolgreich die
beiden weißen Angreifer. Einer verliert plötzlich die 100
Orientierung und dribbelt sich so lange einen Dreh-
wurm, bis ihn Matthias Jüngel, sein wachsamer
„Trainer“, neu positioniert. Stürmer Nummer zwei
hingegen kämpft unverdrossen weiter, schlägt sich
durch bis zum Strafraum und prüft den Torwart mit 105
strammem Schnauzen-Schuss. Dieser wirft sich im
Stil von Kamikaze-Olli dem Ball entgegen und lässt
ein trockenes zufriedenes Bellen hören. Torchance
vereitelt.

Eckehart Eichler

Aufgaben

3. Um welche journalistische Textsorte handelt es sich? Begründe deine Einschätzung anhand von Text-
   merkmalen.

_____

_____

_____

_____

_____

_____

_____

_____

_____

_____

4. Überprüfe deine Einschätzung aus Aufgabe 3 mit Hilfe des Lösungsteils.

54

© 2008 Cornelsen Verlag, Berlin. Alle Rechte vorbehalten.

Erzählung oder Bericht? – eine Textsorte erkennen

Aufgaben

5. Markiere die folgenden Merkmale einer Reportage im Text mit unterschiedlichen Farben.

szenischer Einstieg	Hintergrundinformationen	direkte Rede

anschauliche Darstellung	Wertungen des Reporters

6. Reportagen präsentieren ihren Inhalt auf zwei Ebenen.
   Fasse die beiden Ebenen des Textes mit eigenen Worten kurz zusammen.

   Ebene der konkreten, erlebten Szene: _____

   _____

   _____

   Ebene der allgemeinen Hintergrundinformationen: _____

   _____

   _____

7. Für die Vermittlung der Hintergrundinformationen hätte der Autor auf die Ebene der konkreten, erlebten Szene auch verzichten können. Warum hat er das nicht getan? Was würde sich für den Leser dadurch grundsätzlich ändern? Erläutere.

   _____

   _____

   _____

   _____

   _____

   _____

   _____

   _____

   _____

   _____

8. Verfasse zu den folgenden Teilthemen der Reportage zwei kurze, rein informierende Texte:
   • Die Bedeutung des Roboter-Fußballs für die Forschung. Dazu gehören auch die
     eigentlichen Ziele der Forscher.
   • Die Mühen und Schwierigkeiten des Roboter-Fußballs.
   Tipp: Markiere die Textpassagen, die zu diesen beiden Teilthemen gehören,
   mit verschiedenen Farben.

© 2008 Cornelsen Verlag, Berlin. Alle Rechte vorbehalten.

„Gehe direkt nach Neukölln" – eine Rezension untersuchen

Kritiken oder Rezensionen sind feste Bestandteile von Zeitungen: Sie behandeln aktuelle Filme, Bücher, Fernsehsendungen oder Konzerte. Dabei formuliert der Rezensent seine eigene, subjektive Meinung und begründet sie.

Gehe direkt nach Neukölln

Die Chronik eines sozialen Abstiegs in das gewalttätige Milieu einer Berliner Schulklasse

Michaels private Sackgasse endet nachts auf einer kleinen Lichtung vor den Toren Berlins. In einem Spiel hieße es jetzt vielleicht: Gehe zurück auf Los und ziehe sofort wieder ein in jene großzügige Zeh-
5 lendorfer Villa, die drei Zimmer mit eigenem Bad, den vernetzten Computern und dem Videoprojektor. Doch dort sind Ich-Erzähler Michael samt Mutter vom neureichen Freund vor die Tür gesetzt und vertrieben worden. Für beide hieß das: Gehe direkt
10 nach Neukölln, in eine winzige Wohnung, Tür an Tür mit Secondhandläden, Pfandleihern und Döner-buden. In eine Realschulklasse, in der Michael sofort als der Verlierer aus dem Bonzenviertel gebrandmarkt wird.
15 Mit beängstigender Geradlinigkeit schildert Gregor Tessnow, wie sich Michael Tag für Tag mehr in den neuen Abhängigkeiten verheddert. Ein paar Jungs um ihren Anführer Errol erwarten ihn draußen auf dem Schulhof. Kein Ärger, dafür Bezahlung: teure
20 Sneakers, ein Handy, Bargeld, eine Forderung folgt der nächsten. Um dem zu entkommen, nimmt Michael das Angebot einer anderen Clique an: Schutz gegen Gefälligkeiten. Als Kurier für Hamal und dessen Freunde verteilt er ein paar Gramm Hasch an
25 Geschäftskunden. Dann mehr. Bis er unentrinnbar in den schwelenden Konflikt der beiden Gruppen gerät.
Nun steht er frierend im Lichtkegel der Autoscheinwerfer, vor ihm liegt wehrlos sein Peiniger Errol. Vom
30 ersten Tag an hat der ihn gequält, eingeschüchtert, ihm klargemacht, was passiert, wenn er nicht spurt. Nichts anderes als seine Ruhe haben wollte Michael. Aber so? Einer von Michaels vier Begleitern drückt

ihm einen Revolver in die Hand. „Du oder er", sagt Hamal. Schon glaubt der Leser, von ferne den Ruf 35 „Gewalt ist keine Lösung!" als Maxime eines pädagogisch wertvollen Jugendbuchs zu hören, doch dafür ist in Gregor Tessnows „Knallhart" kein Platz.
In dieser Geschichte gibt es nichts, das den Crash unterschiedlicher Kulturen und Gruppen abfängt 40 oder die Reibung mildert, die von sozialen Differenzen ausgeht. In diesem Buch existiert nur eine traurige Wahrheit. Dass für einen 15-jährigen Jungen auch das Unvorstellbare möglich werden kann, wenn das schöne Leben plötzlich einer tristen Wirk- 45 lichkeit aus alltäglicher Bedrohung und Gewalt weichen muss.
Vielleicht kennt Gregor Tessnow ein bisschen mehr von diesem traurigen Leben als andere Autoren. Sein Erzählton klingt jedenfalls ungekünstelt, die Dialoge 50 sind rau und nah dran an den Straßenecken und schmuddeligen Cafés Neuköllns. Das Buch riecht nach der Stadt, nach abgestandenem Bier aus Aldi-Paletten, nach kaltem Rauch und überquellenden Abfalltonnen. Tessnows Berlin-verbundene Biogra- 55 fie, in der ein Rauswurf aus der Schule, ein abgebrochenes Ingenieursstudium und ein paar Jahre Taxifahren auftauchen, verbinden ihn mit seinem Sujet. Darum liegt Berlin nahe, darum das Thema, das Protokoll eines sozialen Abstiegs mitten hinein ins sozi- 60 ale Sperrfeuer einer Schulklasse ohne Perspektive. […]
Einige inhaltliche Fehler, falsche Tempi und Misstöne in der Figurensprache, insbesondere die wenig überzeugende Mutter, kratzen leider am Lack einer 65 äußerst schonungslosen und deshalb lesenswerten Chronik.

Ralf Schweikart

Aufgabe

1. Würdest du das Buch kaufen, nachdem du die Renzension von Ralf Schweikart gelesen hast? Begründe deine Ansicht.

_____

_____

_____

_____

Fortsetzung auf Seite 57

© 2008 Cornelsen Verlag, Berlin. Alle Rechte vorbehalten.

Aufgaben

2. Eine Rezension gibt eine persönliche Meinung wieder.
   a) Markiere Textstellen, in denen der Autor informiert und in denen er bewertet, mit unterschiedlichen Farben.
   b) Stelle stichwortartig gegenüber, was der Rezensent positiv und was er negativ bewertet.

positiv	negativ

3. Wie ist die Rezension aufgebaut? Unterteile den Text in Sinnabschnitte und gib den einzelnen Sinnabschnitten passende Überschriften. Schreibe an den Textrand.

4. Schreibe auf, worüber du in der Rezension gerne etwas mehr erfahren hättest.

5. Erläutere, welchen Zusammenhang Ralf Schweikart zwischen dem Inhalt des Buchs und dem Leben des Autors herstellt.

© 2008 Cornelsen Verlag, Berlin. Alle Rechte vorbehalten.

Jugendliche im Internet

Aufgabe

1. Was gehört deiner Ansicht nach nicht ins Netz? Was sollte man im Internet nicht von sich preisgeben? Beantworte die Fragen in Stichworten, bevor du den Artikel liest.

Darf das wirklich jeder lesen?

Eltern verunsichert der Umgang ihrer Kinder mit Online-Netzwerken.

Markus Gerstmann hat einen einfachen Weg gefunden, Jugendliche zu schocken: Der Medienpädagoge druckt ihre SchülerVZ-Profile aus und hängt sie für alle sichtbar ins Klassenzimmer. Groß ist dann der
5 Protest, dass dies die Privatsphäre verletze. Und groß das Erstaunen, wenn Gerstmann den pubertierenden Siebtklässlern erklärt, dass nicht nur die Klassenkameraden sehen können, wie sie sich in dem Online-Netzwerk präsentieren, sondern die ganze Welt.
10 „Die meisten denken, da gucken doch nur meine Freunde drauf", berichtet Gerstmann, „und geben viel zu viel über sich preis" – Fotos, wie sie sich bei der letzten Party betrunken haben, und Selbstbeschreibungen, dass sie zur Gruppe „Chillen, Grillen, Kas-
15 ten killen" gehören.
Dieser Einblick in die Privatsphäre verunsichert die Eltern. „Die Anfragen von Müttern und Vätern, die von dem Phänomen überfordert sind, haben extrem zugenommen", sagt Katja Knierim von *jugendschutz.*
20 *net,* der Zentralstelle der Bundesländer für Jugend-schutz im Internet. Aber der Trend lässt sich nicht aufhalten. „Die Jugendlichen präsentieren sich heute anders. Das Private ist öffentlich geworden", meint Gerstmann. „Sie glauben, man müsse im Netz zu fin-
25 den sein, wenn man wer sein will." [...]
Im Unterschied zum SchülerVZ wollen kleinere Netzwerke wie LizzyNet auf Klasse statt Masse set-

zen. Die Betreiber der professionell moderierten Seite haben auch einen pädagogischen Anspruch: „Unser Ziel ist es, die Mädchen medienkompetent zu 30 machen", erläutert Leiterin Ulrike Schmidt. „Dann können sie sich auch auf anderen Seiten sicher bewegen." Angeboten werden deshalb Kurse etwa für Online-Recherche, Bildbearbeitung und HTML. Außerdem wollen die LizzyNet-Macherinnen für das 35 Thema Sicherheit sensibilisieren. „Da gibt es echten Nachholbedarf", meint Schmidt. Jede selbst gestaltete Homepage der Mädchen wird von dem vierköpfigen Redaktionsteam überprüft. „Wir raten dann oft, dass die Mädchen Fotos im Bikini oder ihre Handy- 40 nummer besser wieder von der Seite nehmen."
Denn der gläserne Schüler der Kontaktbörsen ist interessant für Werbestrategen und potenzielle Arbeitgeber und macht die Schüler angreifbar. „Die Gefahren des Social Networking sind vergleichbar mit 45 denen in Chats und anderen interaktiven Diensten", erläutert Knierim. „Pädokriminelle und Belästiger könnten sich dort als Jugendliche ausgeben und die von den Nutzern erstellten Profile nach potenziellen Opfern durchsuchen." Mit anderen Online-Angebo- 50 ten teilen soziale Netzwerke die Gefahr, dass minderjährige Nutzer mit für sie ungeeigneten Inhalten wie Links zu rechtsextremistischen Seiten oder Aufrufen zu selbstverletzendem Verhalten konfrontiert werden. 55

Katharina Eckstein

Fortsetzung auf Seite 59

© 2008 Cornelsen Verlag, Berlin. Alle Rechte vorbehalten.

Jugendliche im Internet

Aufgaben

2. An welche Lesergruppe wendet sich dieser Artikel vor allem? Belege deine Antwort mit einer Textstelle.

_____

_____

_____

3. In dem Artikel wird ein Grund dafür genannt, warum Jugendliche im Netz Persönliches preisgeben. Fasse diesen Grund mit eigenen Worten zusammen und kommentiere ihn. Stimmst du zu oder siehst du andere Gründe?

_____

_____

_____

_____

_____

_____

_____

_____

4. Welchen Gefahren setzen sich Jugendliche aus, die leichtfertig persönliche Daten ins Netz stellen? Notiere Stichworte.

_____

_____

5. Dass von „Pädokriminellen" Gefahr ausgeht, ist unmittelbar einleuchtend. Greife zwei andere Gefahren auf, die in dem Artikel genannt werden, und erläutere sie:

_____

_____

_____

_____

_____

_____

_____

          Fortsetzung auf Seite 60

© 2008 Cornelsen Verlag, Berlin. Alle Rechte vorbehalten.

Aufgaben

6. Schätze dein Verhalten mit Hilfe der folgenden Übersicht ein.

Aufenthalt in Chatrooms *mit Nicknamen*	eher häufig	2	1	0	1	2	eher selten
Aufenthalt in Chatrooms *mit eigenem Namen*	eher häufig	2	1	0	1	2	eher selten
Preisgabe eigener Daten	eher unvorsichtig	2	1	0	1	2	eher vorsichtig
Was Gerstmann seinen Schülern demonstrieren will…	weiß ich im Prinzip	2	1	0	1	2	war mir neu
Was Gerstmann seinen Schülern demonstrieren will…	ist mir immer bewusst	2	1	0	1	2	vergesse ich eher

7. Versetze dich in die Rolle deiner Eltern und verfasse einen kleinen Kommentar zu deiner Selbsteinschätzung.

_____

_____

_____

_____

_____

_____

_____

_____

8. Verfasse einen kleinen Ratgeber für Klassenkamerdinnen und Klassenkameraden unter der Überschrift: „Social Networking? – aber sicher!"

_____

_____

_____

_____

_____

_____

_____

© 2008 Cornelsen Verlag, Berlin. Alle Rechte vorbehalten.

Verräterische Spuren – Hintergrundbericht

Viele Spuren führen zur Persönlichkeit

Enttarnung eines Pseudonyms im Internet

Oftmals bedarf es [...] überhaupt keiner Software, um herauszufinden, was andere so im Internet treiben. In Zeiten von Blogs, Chats, Foren, Online-Anzeigenmärkten und zahllosen Plattformen zur Kommunikation und Selbstdarstellung reicht meist 5 schon logisches Denken, um Menschen zu enttarnen. Wer etwa seine E-Mail-Adresse öffentlich sichtbar macht oder auf verschiedenen Seiten mit demselben Pseudonym auftritt, muss damit rechnen, 10 erkannt werden zu können. Das gilt besonders dann, wenn E-Mail-Adresse oder Nickname Hinweise auf die Person dahinter enthalten.

So schreibt etwa eine „Melanie1980" (Name geändert) in einem Forum für Katzenfreunde über ihren 15 Kater. Als Wohnort gibt sie Bergneustadt an, als Geburtstag den 12. September 1980. Und weil sie zusätzlich ihre ICQ-Nummer veröffentlicht, findet man über den Instant Messenger auch ihren Nachnamen heraus. Wer damit weitersucht, stößt auf ihr Profil bei stayfriends.de und erfährt, welche Schule 20 sie besucht hat.

Der zusammengesetzte Name ergibt zunächst keine weiteren Hinweise, doch schon ein einfacher Punkt zwischen Vor-und Nachname, der so eine noch unbekannte E-Mail-Adresse „simuliert", erzeugt neue 25 Treffer in einer Suchmaschine: „Vorname. Nachname" führt zu einer Anzeige des Arbeitgebers, eine Agentur für Online-Marketing in der Nähe ihres Wohnortes, wo Melanie als Sekretärin der Geschäftsleitung geführt wird. Die Kombination aus dem 30 ersten Buchstaben des Vornamens und dem kompletten Nachnamen führt zu einer weiteren E-Mail-Adresse, mit der Melanie vor zwei Jahren auf einer Seite für Übergewichtige nach Sportpartnern gesucht hat – Bildergalerie inklusive. Ihr dortiger Profilname 35 wiederum taucht auch bei goFeminin.de auf. [...]

Patrick Beuth

Aufgaben

1. Der Artikel führt an einem Beispiel vor, was man – ausgehend von wenigen Angaben –
   über eine bestimmte Person herausfinden kann.
   Stelle die beschriebenen Schritte und die einzelnen Ergebnisse in Form eines Flussdiagramms dar.
   Arbeite in deinem Heft.

> **„Melanie 1980"**
> im Forum für Katzenfreunde
> ↓

2. Ein Experte für IT-Sicherheit wird im weiteren Verlauf des Artikels mit den Worten zitiert:
   „Die Grundannahme ‚Ich habe doch nichts zu verbergen' ist einfach falsch."
   Erläutere diese Behauptung. Ziehe dazu die Informationen aus dem Text heran.
   Tipp: Du kannst auch die Informationen der Artikel „Darf das wirklich jeder lesen?" (Seite 58)
   und „Der gläserne Internet-Benutzer" (Seite 62) heranziehen.

© 2008 Cornelsen Verlag, Berlin. Alle Rechte vorbehalten.

Spione im Netz – Hintergrundbericht

Der gläserne Internet-Benutzer

„Die Schülerschaft ist größtenteils unter Kontrolle." Es sind martialische[1] Worte, die Todd Kumpula benutzt. Der IT-Spezialist im Schulbezirk Park Rapids Area im US-Bundesstaat Minnesota hat die Jugendli-
5 chen mit einer Software namens Spector CNE gezähmt. Diese protokolliert alles, was die Schüler in die Computer der angeschlossenen Schulen eintippen: E-Mails, Chats, welche Programme sie benutzen und auf welchen Internetseiten sie surfen.
10 Und sie beweist: Wirklich anonym ist im Internet fast niemand. Vorgesetzte, Konkurrenten, misstrauische Partner oder Hobby-Spione – für sie alle gibt es Mittel und Wege, Menschen im Netz zu identifizieren. Spyware wie Spector ist dabei eine der effektivs-
15 ten Methoden. „Als wir das erste Mal einen der Schüler mit den Ergebnissen konfrontiert haben, hat sich das in ein oder zwei Tagen herumgesprochen", er-

zählt Kumpula stolz. Die Überwachung geschah zunächst also unwissentlich – und genau das ist an den sogenannten „Keyloggern" (übersetzt etwa „Tasta- 20 tur-Protokollierer") so gefährlich. Die Software wird über die Firma ProtectCom GmbH auch in Deutschland vertrieben. Hier ist die heimliche Überwachung zwar strafbar – doch wo kein Kläger, da kein Richter. Wer nicht weiß, dass sein Rechner derart kontrolliert 25 wird, hat fast keine Chance, es herauszufinden.
Es gibt mehrere derartige Programme, manche sind kostenpflichtig, manche sogar als Freeware verfügbar. Die raffinierteren lassen sich auch mit Sicherheitssoftware nicht finden, denn sie verändern per- 30 manent ihren Namen, verstecken sich und löschen alle ihre Spuren selbsttätig. Immer mehr Unternehmen überwachen so ihre Mitarbeiter, aber auch Kinder oder Partner können damit kontrolliert werden.

Patrick Beuth

1 martialisch: eigentlich „kriegerisch"

Aufgaben

1. Kreuze jeweils die richtige Aussage an.

   a) Wie funktionieren „Spector" und ähnliche Programme?

   ❏ Die Tastatur ist mit einer Videokamera verbunden, die beim Schreiben unbemerkt aktiviert wird und alle PC-Aktivitäten eines Nutzers aufzeichnet.
   ❏ Spezielle Software registriert jeden Tastenanschlag. Aus den daraus erstellten Protokollen können dann alle Aktivitäten eines Nutzers rekonstruiert werden.
   ❏ Man muss sich mit einem Passwort anmelden. Auf einem geheimen Server werden alle Texte, die ein Nutzer schreibt, dann abgespeichert.

   b) Warum sind Programme wie „Spector" nur schwer zu finden?

   ❏ Sie lassen sich nur schwer finden, weil sie verboten sind.
   ❏ Sie lassen sich nur schwer finden, weil sie nur heimlich eingesetzt werden.
   ❏ Sie lassen sich nur schwer finden, weil sie ihre Spuren selbst löschen.

2. Eine Antwort aus Aufgabe 1b ist zwar richtig, aber unvollständig. Ergänze die Antwort mit Hilfe des Textes.

_____

_____

_____

_____

_____

Fortsetzung auf Seite 63

© 2008 Cornelsen Verlag, Berlin. Alle Rechte vorbehalten.

Fortsetzung von Seite 62   **Spione im Netz – Hintergrundbericht**

Aufgaben

3. Wie bewertet Todd Kumpula den Einsatz von „Spector" an Schulen? Antworte in einem Satz.

_____

_____

4. Die Äußerungen Kumpulas in Zeile 1 und Zeile 15 ff. können für sich genommen
   unterschiedlich verstanden werden, sowohl zustimmend gegenüber „Spector"
   als auch ablehnend. Im Textzusammenhang wird Kumpulas Ansicht aber klar.
   Durch welche Worte genau wird deutlich, wie Kumpula den Sachverhalt bewertet?
   Notiere.

_____

_____

_____

5. Wie ist die Situation in Deutschland? Kreuze die richtige Antwort an.

   ❏ In Deutschland gibt es keine Probleme, weil solche Software nicht angeboten wird.
   ❏ In Deutschland gibt es keine Probleme, weil solche Software verboten ist.
   ❏ In Deutschland ist die Verwendung solcher Software strafbar, sie wird aber dennoch
      in Deutschland vertrieben.

6. Begründe deine eigene Meinung zu „Spector". Beziehe dich dabei auf den Artikel.

_____

_____

_____

_____

_____

_____

_____

_____

_____

_____

_____

7. Verfasse in deinem Heft einen Dialog zwischen einem Befürworter und einem Gegner von Spector.

© 2008 Cornelsen Verlag, Berlin. Alle Rechte vorbehalten.

Selbst recherchieren – echte Detektivarbeit

In der Redaktionssitzung der Schülerzeitung erzählt jemand amüsiert, dass er die folgende Nachricht in der Zeitung gelesen hat, und macht auch gleich die verschiedenen Arten von Fußgängern nach:

Rasende Fußgänger

Forscher haben herausgefunden, dass Fußgänger in den letzten Jahren ihre Geschwindigkeit erhöht haben.

Wissenschaftler haben festgestellt, dass Fußgänger weltweit immer schneller durch die Straßen hetzen. Schuld daran sei die allgemeine Beschleunigung des Lebens im digitalen Zeitalter. Die Beschleunigung

5 der Kommunikation durch E-Mail und Mobiltelefone lasse die Menschen immer schneller durch die Städte eilen, besonders in Asien. Die Bürger Singapurs haben seit Anfang der 90er Jahre ihr Tempo um ein Drittel gesteigert. 10,6 Sekunden brauchen sie durchschnittlich, um 18 Meter zurückzulegen. Ähn- 10 lich schnell sind die Berliner: Mit 11,2 Sekunden liegen sie auf Platz sieben der weltweiten Rangliste, noch vor London, mit 12,2 Sekunden auf Platz 12. Am meisten Zeit haben anscheinend die Einwohner von Blantyre (Malawi), sie brauchen 31,6 Sekunden. 15

Sofort beginnt eine Diskussion: „Das müsste man mal bei uns untersuchen!" „Wie soll man das denn machen?" „Und die Autos und Fahrradfahrer?" Am Ende steht die Idee für ein neues Thema: „Wie schnell ist unsere Stadt?" – aber wie soll man nun weitermachen?

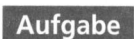 **Aufgabe**

1. Die Redaktion entwickelt ein Diagramm, mit dessen Hilfe sie das Thema „Wie schnell ist unsere Stadt?" darstellen kann. Ergänze das Diagramm in deinem Heft mit eigenen Ideen.

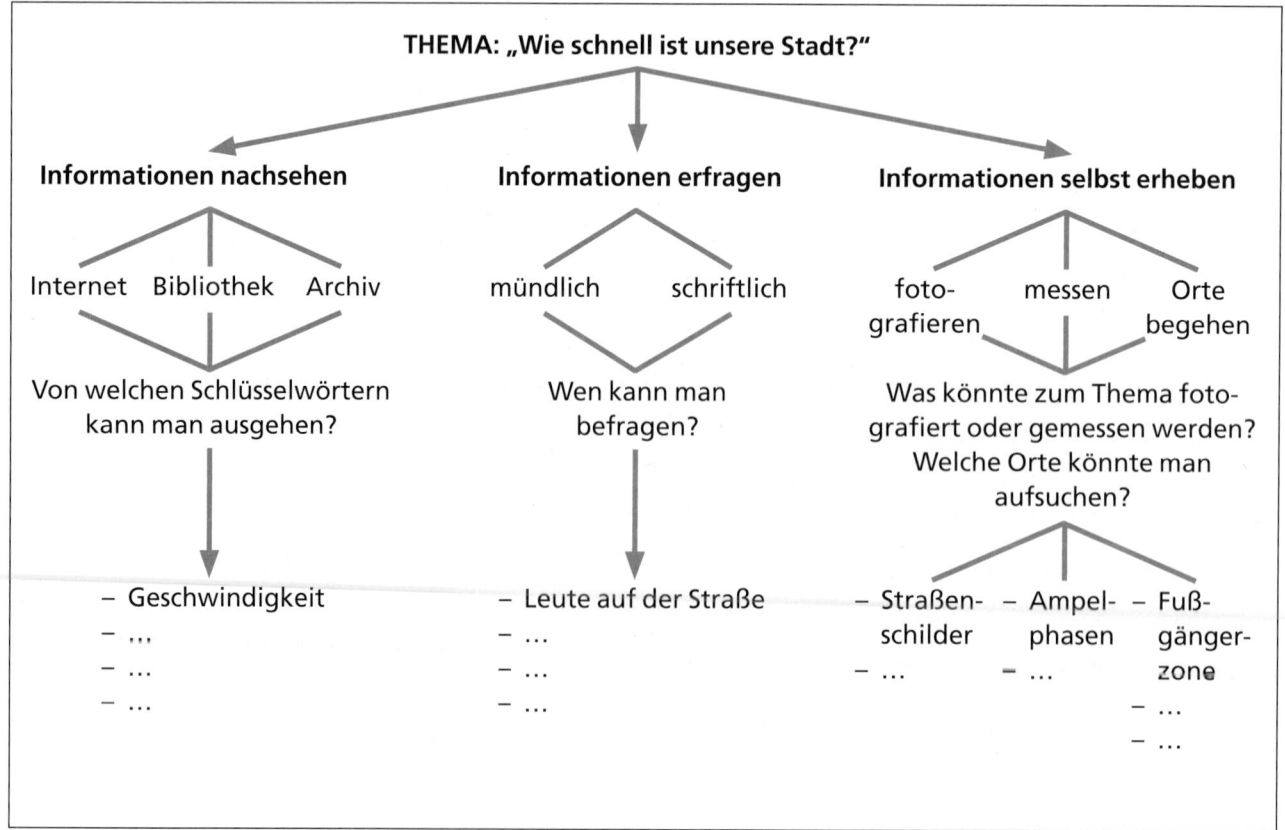

THEMA: „Wie schnell ist unsere Stadt?"

Informationen nachsehen — Internet, Bibliothek, Archiv — Von welchen Schlüsselwörtern kann man ausgehen?
- Geschwindigkeit
- ...
- ...
- ...

Informationen erfragen — mündlich, schriftlich — Wen kann man befragen?
- Leute auf der Straße
- ...
- ...
- ...

Informationen selbst erheben — fotografieren, messen, Orte begehen — Was könnte zum Thema fotografiert oder gemessen werden? Welche Orte könnte man aufsuchen?
- Straßenschilder
- ...
- Ampelphasen
- ...
- Fußgängerzone
- ...
- ...

Fortsetzung auf Seite 65

© 2008 Cornelsen Verlag, Berlin. Alle Rechte vorbehalten.

Selbst recherchieren – echte Detektivarbeit

Aufgaben

2. Begründe vor der Klasse, wie du das Thema angehen würdest. Nimm dazu das Diagramm aus Aufgabe 1 zu Hilfe und erkläre, was du in dem Diagramm noch eingefügt hast.

3. Bildet Recherche-Teams. Achtet darauf, dass alle drei Bereiche aus Aufgabe 1 (Informationen nachsehen, Informationen erfragen und Informationen erheben) gleichmäßig abgedeckt sind.

4. Entscheidet euch mit Hilfe des folgenden Diagramms, in welche Richtung euer Artikel zum Thema „Wie schnell ist unsere Stadt?" gehen soll – auch Mischformen sind möglich:

deskriptiv:
Ihr beschreibt neutral und objektiv, was ihr erfahren habt:
„So schnell ist unsere Stadt."

expressiv:
Ihr bewertet aus eurer Sicht das, was ihr erfahren habt:
„So sehe ich die Geschwindigkeit in unserer Stadt."

appellativ:
Auf Grund dessen, was ihr erfahren habt, fordert ihr etwas oder wollt etwas verändern:
„Das sollte in unserer Stadt geändert werden/erhalten bleiben."

5. Schreibt nun den Artikel zum Thema „Wie schnell ist unsere Stadt?".

© 2008 Cornelsen Verlag, Berlin. Alle Rechte vorbehalten.

Die typischen Sieben

*Jeden Tag, manchmal auch nur einmal in der Woche, kommen sieben Typen zusammen –
und das, obwohl sie einen ziemlich unterschiedlichen Charakter haben.*

Aufgaben

1. Lest den Dialog mit verteilten Rollen.

A: Erst gestern hat wieder jemand zu mir gesagt: „Sie mag ich wirklich – sie beschränken sich auf das Wesentliche, informieren mich unparteiisch und sagen gleich am Anfang, was wichtig ist!" Da hat mal wieder einer erkannt, worauf es ankommt! 5

B: Ja, in vielem sind wir uns ähnlich. Aber immer nur das Wesentliche ist auch nicht jedermanns Sache. Etwas ausführlicher mag ich es schon, sonst bekommt man doch bei aller Objektivität zu wenig Information. 10

C: Puh – bildet euch doch nur nichts auf eure Objektivität ein. Das will doch kein Mensch hören – immer dieses neutrale Zeug! So etwas Langweiliges! Die Leute wollen doch miterleben, dabei sein! Das geht natürlich nicht in wenigen Sätzen. 15

D: Also wenn ich mal etwas dazu sagen darf – und ich habe dazu etwas zu sagen – dann ist es vielleicht nicht besonders interessant, nur Unparteiisches serviert zu bekommen, aber andererseits: Was haben denn die Leute vom Miterleben? Ich will den Leuten 20 nahebringen, wie sie etwas zu sehen haben. Ich habe etwas zu sagen und von meiner Sicht will ich die Leute auch überzeugen!

E: Ich will mal etwas vermitteln. Natürlich wollen die Leute etwas Echtes, auf das sie sich verlassen können, 25 zum Beispiel wörtlich wiedergegebene Aussagen. Das heißt aber nicht, dass ich völlig neutral wäre, denn durch meine geschickten Fragen komme ich ja erst zu interessanten Aussagen anderer Leute.

F: Hahaha! Das müsste mal einer aufschreiben, wie 30 der längere B sich mit dem kurzen A verbrüdert oder der D uns mal wieder seine Meinung aufs Brot schmiert, wie der C andere dazu anstiften will, etwas mit ihm mitzuerleben, und der E sich etwas auf seine Fragetechnik einbildet. Denn nur wenn man sich 35 über etwas lustig macht oder es lustig darstellt, kommen die Leute doch ins Nachdenken oder freuen sich. Aber wieso hat G denn noch nichts gesagt. Hihi, der kann ja immer erst etwas sagen, wenn schon andere etwas vorgelegt haben! 40

G: Das stimmt. Ich bin zur Beurteilung da. Natürlich könnte ich nun mein Urteil über den Kollegen F abgeben, aber stattdessen gehe ich lieber ins Kino oder lese ein hoffentlich gutes Buch.

2. Charakterisiere die „sieben Typen" mit eigenen Worten.

A: _____

B: _____

C: _____

D: _____

E: _____

F: _____

G: _____

66

Fortsetzung auf Seite 67

© 2008 Cornelsen Verlag, Berlin. Alle Rechte vorbehalten.

Die typischen Sieben

Aufgaben

3. In Aufgabe 1 unterhalten sich verschiedene Textsorten.
   Ordne den Textsorten die richtigen Buchstaben aus Aufgabe 1 zu.

☐ Bericht: Klare und genaue Darstellung eines Geschehens.

☐ Glosse: Kurzer, bissiger, witziger, ironischer Kommentar.

☐ Interview: Wörtlich wiedergegebenes Gespräch mit einer Person.

☐ Kommentar: Persönliche, wertende Stellungnahme zu einem Ereignis.

☐ Nachricht: Ein Bericht von wenigen Zeilen.

☐ Reportage: Berichtet anschaulich über ein Ereignis, informiert über Hintergründe, bewertet und kommentiert.

☐ Rezension: Kritische Bewertung eines Buchs, eines Films usw.

4. Überprüfe deine Ergebnis aus Aufgabe 3 mit Hilfe des Lösungsteils.

5. Trainiert die folgenden sechs Textsorten in einem Gruppenspiel:

| Bericht | Glosse | Interview | Kommentar | Nachricht | Reportage |

Geht so vor:
- Teilt die Klasse in Gruppen zu möglichst sechs Schülerinnen und Schülern ein.
- Jede Gruppe erhält eine Tageszeitung.
- Wählt zum Warmmachen Überschriften aus der Zeitung aus. Überlegt gemeinsam, wie die einzelnen Textsorten mit dem Thema umgehen würden.

Zum Beispiel: „Oktoberfest eröffnet":
- *Interview mit einem Bierzeltbesitzer*
- *Kommentar zur Vergnügungssucht in Deutschland*
- *Reportage über die Stimmung im Bierzelt*
- *Nachricht über die Besucherzahlen usw.*

- Lost in den Gruppen aus, wer welche Textsorte übernimmt. Wählt eine Überschrift aus. Sprecht dann reihum jeder aus seiner Rolle heraus über das Ereignis.

© 2008 Cornelsen Verlag, Berlin. Alle Rechte vorbehalten.

Von der Agenturmeldung zum Artikel

Zeitungen nutzen für ihre Artikel meist Material von Nachrichtenagenturen. Die Agenturen stellen Informationen in Form von Texten, Bildern oder Grafiken zusammen, die von Journalisten gegen Bezahlung abgerufen werden können. Für die Deutsche Presseagentur (dpa) beispielsweise recherchieren rund 1000 Journalistinnen und Journalisten weltweit; allein in Deutschland gibt es etwa 70 Regional- und Landesbüros.

Aufgabe

1. So stellen sich die Nachrichtenagenturen Deutsche Presse-Agentur (dpa), Associated Press (AP) und Deutscher Depeschendienst (ddp) im Internet vor. Erläutere, welche Qualitäten sie in ihrer Selbstdarstellung hervorheben.

> **dpa** steht in aller Welt für unabhängige, zuverlässige, aktuelle und umfassende Nachrichten – und das 24 Stunden am Tag, 365 Tage im Jahr.

> **AP:** Die Welt in Wort und Bild – schnell, zuverlässig, umfassend.

> **Deutscher Depeschendienst:** gründlich – schnell – modern

schnell: _____

_____

_____

unabhängig: _____

_____

_____

zuverlässig: _____

_____

_____

umfassend: _____

_____

_____

modern: _____

_____

_____

Fortsetzung auf Seite 69

© 2008 Cornelsen Verlag, Berlin. Alle Rechte vorbehalten.

Von der Agenturmeldung zum Artikel

Agenturmeldung

Friedensnobelpreis 2004 für Wangari Maathai, die den Kampf für die Umwelterhaltung und die natürlichen Ressourcen als Voraussetzung für den Frieden bezeichnet. – Mit Jubel hat die „Grüngürtelbewe-
5 gung" in Kenia auf die Verleihung des Friedensnobelpreises an ihre Gründerin reagiert. Maathai, mittlerweile Vize-Umweltministerin Kenias, hatte das Aufforstungsprojekt „Green Belt Movement" 1977 ins Leben gerufen.

Zeitungsartikel

Oslo – Glückwunsch! Der Friedensnobelpreis geht in diesem Jahr zum ersten Mal an eine Frau aus Afrika. Die Umweltschützerin Wangari Maathai, 64, aus Kenia erhält den mit 1,1 Mio. Euro dotierten Preis für ihr Engagement für Umweltschutz, Demokratie, 5 Frieden und Frauenrechte. Das gab das Nobelpreis-Komitee in Oslo bekannt.
Wer ist Wangari Maathai? Die studierte Biologin war schon immer eine Überfliegerin: Als erste Frau in Ostafrika erhält sie einen Doktortitel, macht Karriere 10 an der Universität von Kenias Hauptstadt Nairobi. 1977 gründet sie die „Grüngürtelbewegung" (Green Belt Movement), das größte Aufforstungsprojekt Afrikas. Mehr als 30 Millionen Bäume wurden seither gepflanzt. Seit 2002 ist Maathai Vize-Umweltminis- 15 terin in Kenias Parlament. Politiker und Umweltschützer gratulierten Maathai zum Friedensnobelpreis.
Bundespräsident Horst Köhler: „Sie treten für eines der grundlegendsten Menschenrechte überhaupt 20 ein – das Recht auf ein Leben in einer gesunden Umwelt."

Aufgaben

2. Vergleiche die Meldung und den kurzen Zeitungsartikel.
   a) Zeige, welche Inhalte der Meldung für den Artikel verwendet wurden. Markiere entsprechende Textstellen.
   b) Welche zusätzlichen Informationen erhält der Leser in dem Artikel? Notiere.

   _____

   _____

   c) Inwiefern unterscheidet sich der Artikel auch sprachlich von der Meldung? Belege deine Antwort mit Textstellen.

   _____

   _____

   _____

3. Welche Fragen bleiben auch in dem Zeitungsartikel noch offen? Notiere.

   _____

   _____

   _____

4. Informiere dich über Wangari Matthai und schreibe einen ausführlicheren Bericht in deinem Heft.

© 2008 Cornelsen Verlag, Berlin. Alle Rechte vorbehalten.

Porträts in Zeitungen – ein Porträt analysieren und selbst verfassen

Aufgaben

1. Informiere dich in einem Lexikon oder im Internet über Wangari Maathai.

2. Was möchte der interessierte Leser eines Zeitungsporträts über Frau Maathai erfahren?
   Liste Aspekte auf, die du für wichtig hältst.

   _____

   _____

   _____

3. Enthält das folgende Zeitungsporträt alle Aspekte, die du für wichtig hältst?
   Lies den Artikel und überprüfe ihn mit Hilfe deiner Lösung von Aufgabe 2.

Friedensnobelpreis

Als erste afrikanische Frau erhielt die Umweltschützerin und Menschenrechtlerin Wangari Maathai aus Kenia am Freitag den Friedensnobelpreis. „Maathai denkt global und handelt lokal", sagte der Komiteevorsitzende in Oslo zur Begründung der überraschenden Entscheidung.

NAIROBI, 8. Oktober. Sie sprach entschlossen. Auch gegen Autoritäten. „Was, Bäume pflanzen soll illegal sein?", schleuderte Wangari Muta Maathai den bewaffneten Polizisten entgegen. „Ihr lasst euch von
5 korrupten Landräubern missbrauchen", beschimpfte sie die Beamten und setzte unbeirrt ihren Spaten an.

Solche Szenen ereigneten sich oft Ende der 90er Jahre im Karura-Wald von Nairobi, dem letzten Stück-
10 chen Wald in Kenias Hauptstadt. Die Bäume stehen heute noch – dank Wangari Maathai. Sie und ihre Freunde vom Green Belt Movement, der Umweltbewegung Grüngürtel, hatten sich damals von der Polizei nicht einschüchtern lassen. Sie sangen unbeirrt
15 ihren Song – „Kommt, lasst uns Bäume pflanzen" – und gruben ihre Setzlinge ein.

In ganz Afrika soll Wangari Maathais Umweltbewegung rund dreißig Millionen Bäume gepflanzt haben. Und die Arbeit hat weit über den Umweltschutz
20 hinaus Wurzeln geschlagen. „Wenn wir neue Bäume pflanzen, dann legen wir die Saat für den Frieden", sagt sie und erläutert: „Die Umwelt ist sehr wichtig für den Frieden. Wenn wir unsere Ressourcen ausbeuten, werden die Rohstoffe knapp und dann
25 kämpfen wir um sie."

Wangari Maathai hat gekämpft für Frieden und Umweltschutz, für die Gleichberechtigung von Frauen und für die Menschenrechte. Seit der Gründung 1977 ist ihr Green Belt Movement allein in Kenia auf sechstausend Frauengruppen angewachsen. Ihre
30 Umweltbewegung engagiert sich auch in Uganda, Tansania oder Malawi. Schon vor zwanzig Jahren hatte sie dafür den Alternativen Nobelpreis erhalten, im Sommer auch einen Preis der grünen Heinrich-Böll-Stiftung. Die weltweit stärkste Anerkennung für
35

Fortsetzung auf Seite 71

© 2008 Cornelsen Verlag, Berlin. Alle Rechte vorbehalten.

ihren Einsatz für Umweltschutz und Demokratie aber erfolgt am Freitag: Wangari Maathai, 64, erhält den Friedensnobelpreis. Als erste Frau aus Afrika. „Sie denkt global und handelt lokal", heißt es in der
40 Begründung des Nobelpreiskomitees in Oslo. Wangari Maathai vernimmt die lobenden Worte in Nairobi. Noch bevor das Nobelpreiskomitee offiziell Stellung nehmen kann, plaudert sie schon mit Journalisten. „Ich bin überwältigt. Das ist die größte
45 Überraschung meines Lebens", sagt sie. Auch ihr Heimatland Kenia freut sich über sie.

Das war nicht immer so. Mehr als einmal rückten westliche Botschafter in der Vergangenheit in Nairobi aus, um Kenias bekannteste Frau aus dem Gefäng-
50 nis zu holen. Wangari Maathai ist in der Haft verprügelt worden, sie ist bewusstlos geschlagen worden, mehrfach ohne Prozess weggesperrt, doch aufgegeben hat sie nie. Auch nicht, als es private Enttäuschungen gab. Ihr Mann, ein Politiker, ließ sich 1980
55 von ihr scheiden. Seine Frau war ihm „zu stur, zu gut ausgebildet und zu beschäftigt". Für die Rolle der bloßen Hausfrau ist die in Kanada, Deutschland und den USA ausgebildete Biologin und Professorin für Veterinärmedizin nicht zu haben. Dafür ist sie zu
60 selbstbewusst. Zu engagiert. Und zu unbequem. Während ihres Studiums in den Zeiten der Studentenbewegung hat sie im Westen erfahren, dass man sich weder vom eigenen Mann noch von staatlichen Autoritäten alles gefallen lassen muss.
65 So wurde sie früh zur Pionierin des gewaltfreien Protests in Ostafrika. Auf Tabus nahm sie keine Rücksicht. Weder in ihrem Einsatz für die Umwelt, noch in ihrem Kampf für die Menschenrechte. Nackt demonstrierte sie für die Freilassung politischer Gefan-
70 gener, nackt protestierte sie für den Erhalt der Grünflächen in Nairobi.

Im Freiheitspark Uhuru verhinderte sie den Bau eines Hochhauses. Ihr Protest führte dazu, dass sich die ausländischen Investoren von dem Projekt zurückzogen. Die korrupten Landschacherer in der Re- 75
gierung des damaligen Präsidenten Daniel arap Moi gingen leer aus. Vor zwei Jahren zog Wangari Maathai für die Grüne Partei als Abgeordnete ins Parlament ein. Heute repräsentiert sie selbst die Staatsgewalt. Sie ist Vize-Umweltministerin und als solche ver- 80
hängte sie gleich einen totalen Rodungsstopp für Kenias bedrohte Restwäldchen. Ihre Gäste empfängt sie im 6. Stock des Ministeriums in Nairobi. Ihren Schreibtisch schmückt die grün-rote Landesflagge, aus dem Büro blickt sie auf die wuchernden Slums 85
und die abgasverpestete City. Und noch immer pflanzt sie ständig Bäume. Es gibt heute in Kenia kaum eine Zeremonie mehr, ob Taufe oder Besuch des deutschen Bundeskanzlers, die ohne das Pflanzritual abläuft. 90
Ihr Wandel von der Straßenkämpferin hin zum Mitglied im Kabinett strapaziert ihr Anpassungsvermögen auf das Äußerste. „Man muss aufpassen, dass man seine Ideale nicht verrät", sagte sie unlängst der Berliner Zeitung. Die Tatsache, dass sie seit dem ver- 95
gangenen Jahr mit einigen ihrer früheren Erzfeinde in einer Regierung sitzt, nimmt sie zähneknirschend hin als „Ergebnis politischer Spiele". Für die Zukunft wünscht sie sich „eine bessere Position mit mehr Einfluss". 100
Als Nobelpreisträgerin wird ihre Stimme weltweit gehört werden. Ihr Traum aber bleibt auf das Naheliegende gerichtet: Sie will endlich selbst Umweltministerin werden. Der Grund: Sie mag nicht länger auf Entscheidungen ihres überforderten Ministers war- 105
ten müssen. Selbst denken, selbst handeln. So ist sie eben.
Stefan Ehlert

Aufgaben

4. Formuliere deinen Eindruck von Wangari Maathai nach diesem Porträt.

_____

_____

_____

5. Gib Textstellen an, in denen der Journalist über die sachliche Wiedergabe der wichtigsten Ereignisse hinausgeht.

_____

_____

Fortsetzung auf Seite 72

© 2008 Cornelsen Verlag, Berlin. Alle Rechte vorbehalten.

Aufgaben

6. Untersuche das Porträt genauer.
   a) Fasse die Inhalte der einzelnen Absätze am Textrand zusammen.
   b) Markiere sprachliche Besonderheiten im Text und benenne ihre Funktion am Textrand.
      Beispiel: Wörtliches Zitat im ersten Absatz – Funktion: unvermittelt-lebendiger Einstieg.
   c) Formuliere in wenigen Sätzen deinen Gesamteindruck von diesem Porträt.
      Welche Intention (Absicht) hatte der Journalist?

7. Formuliere zu diesem Text eine Kurznachricht. Du kannst dich dabei an den W-Fragen orientieren:
   Wer hat was wann und wo getan?

8. Schreibe ein Porträt über eine Persönlichkeit, die dich interessiert. Gehe so vor:
   • Sammle Informationen über die Persönlichkeit.
   • Verfasse eine Gliederung für dein Porträt.
   • Lege fest, für welche Zeilgruppe du schreiben möchtest
     und was vorrangig in deinem Porträt zum Ausdruck kommen soll.
   • Verfasse das Porträt.
   • Überarbeite den Text. Achte darauf, ob du ihn sprachlich interessanter
     gestalten kannst, z. B. durch das Einfügen von Zitaten.

© 2008 Cornelsen Verlag, Berlin. Alle Rechte vorbehalten.

Was man mit Zeitungen machen kann

Aufgabe

1. Was kann man noch alles mit Zeitungen machen? Schreibe deine Ideen auf die leeren Papierschnipsel.

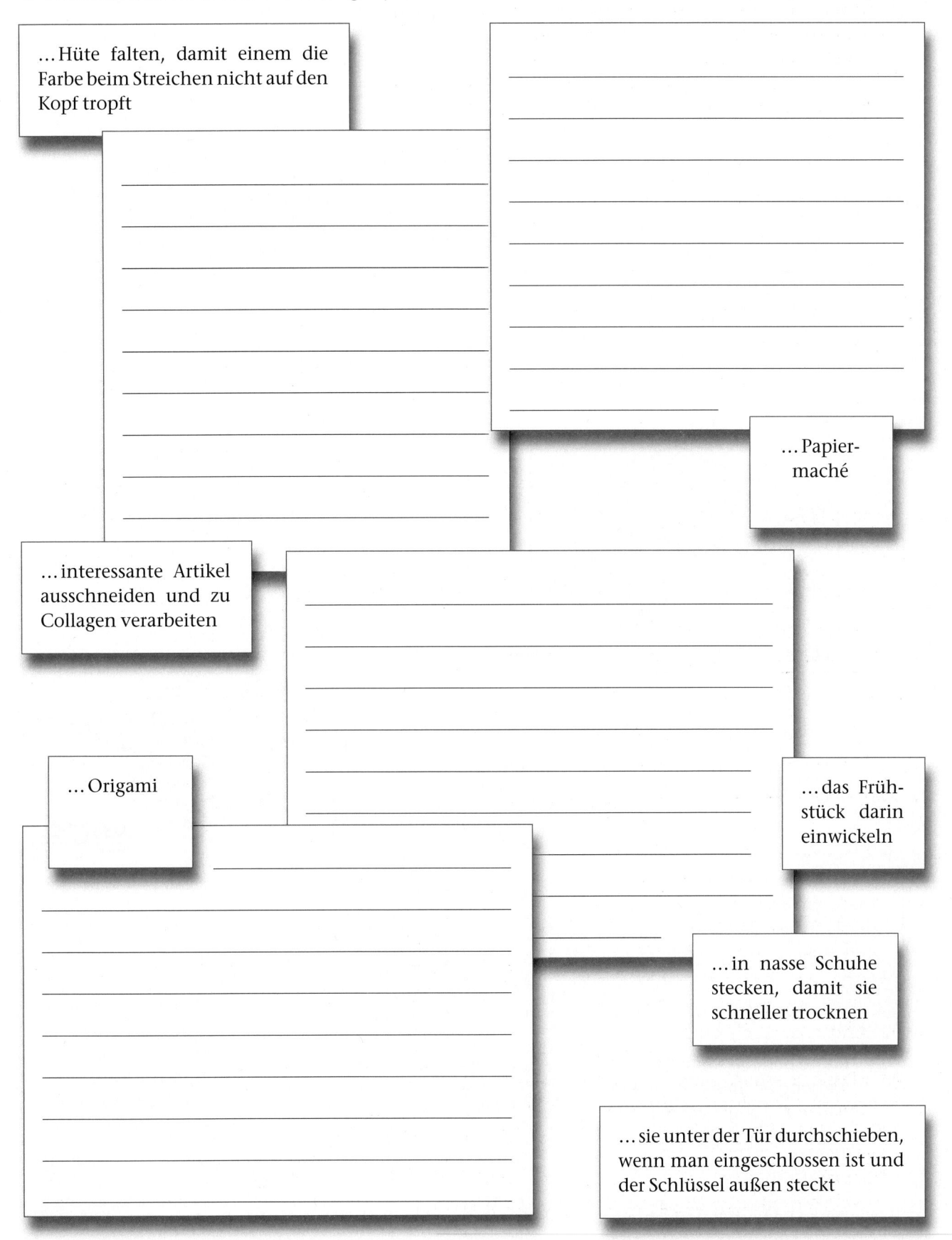

…Hüte falten, damit einem die Farbe beim Streichen nicht auf den Kopf tropft

…Papier-maché

…interessante Artikel ausschneiden und zu Collagen verarbeiten

…Origami

…das Früh-stück darin einwickeln

…in nasse Schuhe stecken, damit sie schneller trocknen

…sie unter der Tür durchschieben, wenn man eingeschlossen ist und der Schlüssel außen steckt

Fortsetzung auf Seite 74

© 2008 Cornelsen Verlag, Berlin. Alle Rechte vorbehalten.

Was man mit Zeitungen machen kann

Aufgaben

2. Hier kannst du einen Papierkorb aus Papier basteln.
   a) Bringe die Bilder und die Sätze der Bastelanleitung in die richtige Reihenfolge,
      indem du sie jeweils von 1 bis 5 durchnummerierst.
   b) Bastle den Papierkorb.

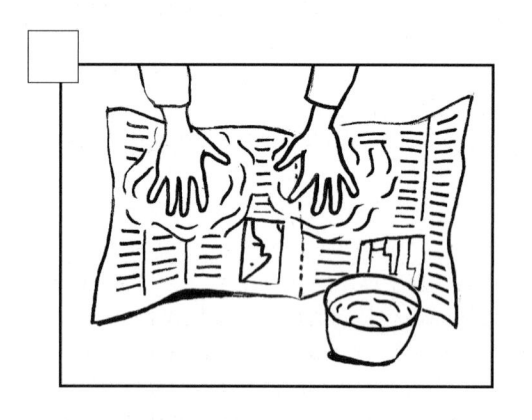

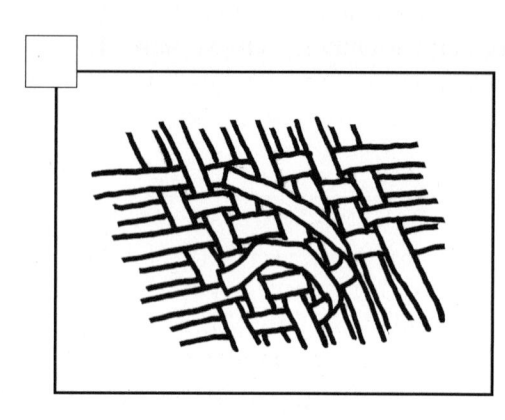

Verflechte die Streifen immer im Wechsel drunter und drüber. Setze neue Streifen mit einer Extraportion Kleister an.

Lasse die geflochtenen Werke trocknen (aber nicht in der Sonne, dann werden sie krumm) und bemale sie mit Farbe.

Falte 2–3 cm breite Streifen. Beginne an der langen Seite und drücke die fertigen Streifen platt. Du kannst die Streifen dann abbrechen oder abschneiden.

Du brauchst: alte Zeitungen, Kleister, Farben, große Kunststoffunterlage, Pinsel, Wasserpott, Schere.

Rühre den Kleister nach Anweisung an. Bestreiche eine ganze Zeitungsseite damit. Unterlage nicht vergessen!

3. Bastle einen Papierhut und schreibe anschließend eine Bastelanleitung dazu.

© 2008 Cornelsen Verlag, Berlin. Alle Rechte vorbehalten.

Checkliste: Eine Klassenzeitung gestalten

Stellt euch vor, ihr wollt eine eigene Zeitung für eure Klasse gestalten. Alle Artikel sollen zu einem bestimmten Themenbereich passen. So könnt ihr zum Beispiel eine Zeitung über einen Ausflug oder eine Klassenfahrt, zum Thema „Märchen", über Tiere oder den Umweltschutz gestalten.

I. Ein Thema suchen
- Sammelt möglichst viele Themen-Ideen.
- Erstellt eine Hitliste der beliebtesten Themen.
- Stimmt darüber ab, welches Thema ihr für eure Zeitung nehmen wollt.

II. Das Thema aufteilen verteilen
- Ihr könnt wie bei einer Tageszeitung verschiedene Ressorts bilden.
  Zum Thema „Umweltschutz" zum Beispiel: Politik (Positionen der Parteien), Wirtschaft (alternative Energien), Sport (Ski fahren in den Alpen) usw.
- Oder ihr unterteilt das Thema nach seinen verschiedenen Aspekten.
  Zum Thema „Tiere" zum Beispiel: Haustiere, Tiere in freier Wildbahn, Tierheime, Tierversuche, Zootiere usw.
- Bildet möglichst gleich große Gruppen.

III. Ideen für Texte sammeln
- In jeder Gruppe werden Ideen und Themen für mögliche Zeitungsartikel gesammelt.
- Prüft gemeinsam, welche Ideen sich zu Artikeln ausbauen lassen.
- Wählt so viele Ideen aus, dass jeder von euch einen Artikel verfassen kann.
- Überlegt noch einmal, ob die ausgewählten Ideen auch wirklich in euer Ressort oder zu eurem Aspekt des Themas passen.

IV. Texte verfassen
- Jedes Gruppenmitglied sucht sich eine Idee aus und verfasst dazu einen Artikel. Je nach eurem Vorwissen könnt ihr dazu verschiedene Textsorten (Meldung, Bericht, Reportage, Interview, Kommentar, Anzeige) verwenden.

V. Eine Redaktionskonferenz oder Schreibkonferenz abhalten
- Überarbeitet eure Texte in einer Schreibkonferenz. Geht so vor:
  - Setzt euch in Gruppen zusammen (3 bis 5 Personen pro Gruppe).
  - Klebt eure Texte auf ein DIN-A3-Blatt, damit genügend Platz für Korrekturen ist.
  - Lest euch die Texte vor. Anschließend können die Gruppenmitglieder Fragen stellen. Nehmt am Textrand Verbesserungsvorschläge vor. Verwendet dazu Korrekturzeichen (z.B. I= Inhalt; A = Ausdruck/Stil; Gr = Grammatik, R= Rechtschreibung, T = Tempus).
- Prüft gegebenenfalls, ob die Merkmale der gewählten Textsorte eingehalten werden.
- Hebt hervor, was an den Texten besonders gelungen ist.
- Schreibt anschließend eure Texte noch einmal und bezieht dabei die Verbesserungsvorschläge mit ein.
  Achtung: Vorschläge können auch abgelehnt werden, wenn es dafür gute Gründe gibt.

VI. Texte abschreiben und das Layout gestalten
- Schreibt eure verbesserten Texte mit dem Computer.
- Gestaltet das Layout der Texte (z.B. Schriftgröße, Schriftfarbe, Schrifttyp…).
- Fügt passende Cliparts oder Fotos ein.

© 2008 Cornelsen Verlag, Berlin. Alle Rechte vorbehalten.

Lösungen

Seiten 10 und 11
Die Medien

zu 2:
Printmedien: Zeitungen, Zeitschriften
elektronische Medien: PC, Handy
Anspruch/Niveau: seriöse Zeitungen, Boulevardzeitungen
Erscheinungsweise: Tageszeitung, Wochenzeitung

Seite 12
Zeitschriften

zu 1:
Eltern: Zeitschrift für werdende Eltern und Erziehende.
Manager: Zeitschrift mit den Themen Wirtschaft, Unternehmen und Finanzen.
GEO: Aufwendig gestaltetes Magazin mit Reise- und Expeditionsberichten.
Das Haus: Zeitschrift rund ums Wohnen.
Gala: Boulevardblatt, das über Stars und Prominente berichtet.
Games Master: Zeitschrift, die Computerspiele vorstellt bzw. bespricht.
Der Feinschmecker: Zeitschrift für Gourmets, Hobbyköche, Weinliebhaber.
Öko-Test: Verbraucher-Magazin, testet Produkte auf ihren ökologischen Standard.
Blinker: Anglerzeitschrift

Seiten 13 bis 15
Zeitungs-Chinesisch

zu 1:
Aufhänger: der konkrete, aktuelle Anlass für einen Zeitungsartikel, der gleich zu Beginn – oft in origineller Weise – genannt wird
Aufmacher: der wichtigste Artikel auf der ersten Seite, der in der Regel durch Schriftgröße und/oder Farben besonders hervorgehoben ist
Boulevardzeitung: Zeitung, die meist als wenig seriös angesehen wird, weil sie auf reißerische Aufmachung setzt.
Ente: eine Falschmeldung
Feuilleton: der Kulturteil einer Zeitung
Glosse: ein kürzerer satirischer Kommentar
Headline: das englische Wort für „Schlagzeile"
Kommentar: ein Text, der zu einem Ereignis Stellung nimmt
Layout: Fachbegriff für die Gestaltung einer Zeitungsseite

Magazin: ein anderer Begriff für „Zeitschrift"
Recherche: der Fachbegriff für journalistische Nachforschungen
Redigieren: Fachbegriff für die inhaltliche und sprachliche Überarbeitung eines Zeitungstextes. Diese Überarbeitung findet in der Redaktion statt.
Reportage: Zeitungs- oder Zeitschriftentext, der einen subjektiv gefärbten Bericht (Erlebnisbericht) über ein Ereignis mit Hintergrundinformationen verbindet
Ressorts: die einzelnen Abteilungen in einer Zeitung
Rezension: eine kritisch bewertende Besprechung zum Beispiel eines Buches oder einer Theateraufführung
Schlagzeile: die wichtigste Überschrift auf einer Zeitungsseite
Lead: die ersten, meist durch Fettdruck hervorgehobenen Sätze eines Zeitungsartikels

zu 2:

L	A	Y	O	U	T									R
	U					H	E	A	D	L	I	N	E	E
	F		M											P
	M		A			B				E				O
	A		G		K	O	M	M	E	N	T	A	R	R
	C		A			U				T				T
	H		Z			L		R		E				A
R	E	D	I	G	I	E	R	E	N					G
	R		N			V		Z		R				E
R		A				A		E		E				
E		U		L		R		N		C				V
S		F		E		D		S		H				O
S	C	H	L	A	G	Z	E	I	L	E				R
O		A		D		E		O		R				S
R		E				I		N		C				P
T		N				T				H				A
S		G			F	E	U	I	L	L	E	T	O	N
		E				N								N
		R			G	L	O	S	S	E				

Seiten 20 und 21
Ressorts – die „Schubladen" der Zeitung

zu 3:
Politik: 2, 5, 6, 10
Wirtschaft: 1, 12, 13
Feuilleton: 4, 7, 14
Sport: 3, 9
Panorama: 8, 11

© 2008 Cornelsen Verlag, Berlin. Alle Rechte vorbehalten.

zu 6:

Zum nicht-redaktionellen Geschäft gehören z. B. Werbeanzeigen, Kontaktanzeigen, Leserbriefe, Stellenangebote, der Wohnungsmarkt usw.

Seiten 22 und 23
Selbstkontrolle statt Zensur –
die Aufgaben des Deutschen Presserats

zu 2:

Wahrhaftigkeit und Achtung der Menschenwürde: Die Achtung vor der Wahrheit, die Wahrung der Menschenwürde und die wahrhaftige Unterrichtung der Öffentlichkeit sind oberste Gebote der Presse.
Jede in der Presse tätige Person wahrt auf dieser Grundlage das Ansehen und die Glaubwürdigkeit der Medien.

Sorgfalt: Recherche ist unverzichtbares Instrument journalistischer Sorgfalt. Zur Veröffentlichung bestimmte Informationen in Wort, Bild und Grafik sind mit der nach den Umständen gebotenen Sorgfalt auf ihren Wahrheitsgehalt zu prüfen und wahrheitsgetreu wiederzugeben. Ihr Sinn darf durch Bearbeitung, Überschrift oder Bildbeschriftung weder entstellt noch verfälscht werden. Unbestätigte Meldungen, Gerüchte und Vermutungen sind als solche erkennbar zu machen.

Richtigstellung: Veröffentlichte Nachrichten oder Behauptungen, insbesondere personenbezogener Art, die sich nachträglich als falsch erweisen, hat das Publikationsorgan, das sie gebracht hat, unverzüglich von sich aus in angemessener Weise richtigzustellen.

Grenzen der Recherche: Bei der Beschaffung von personenbezogenen Daten, Nachrichten, Informationsmaterial und Bildern dürfen keine unlauteren Methoden angewandt werden.

Berufsgeheimnis: Die Presse wahrt das Berufsgeheimnis, macht vom Zeugnisverweigerungsrecht Gebrauch und gibt Informanten ohne deren ausdrückliche Zustimmung nicht preis. Die vereinbarte Vertraulichkeit ist grundsätzlich zu wahren.

Trennung von Werbung und Redaktion:
Die Verantwortung der Presse gegenüber der Öffentlichkeit gebietet, dass redaktionelle Veröffentlichungen nicht durch private oder geschäftliche Interessen Dritter oder durch persönliche wirtschaftliche Interessen der Journalistinnen und Journalisten beeinflusst werden. Verleger und Redakteure wehren derartige Versuche ab und achten auf eine klare Trennung zwischen redaktionellem Text und Veröffentlichungen zu werblichen Zwecken. Bei Veröffentlichungen, die ein Eigeninteresse des Verlages betreffen, muss dieses erkennbar sein.

Persönlichkeitsrechte: Die Presse achtet das Privatleben und die Intimsphäre des Menschen. Berührt jedoch das private Verhalten öffentliche Interessen, so kann es im Einzelfall in der Presse erörtert werden. Dabei ist zu prüfen, ob durch eine Veröffentlichung Persönlichkeitsrechte Unbeteiligter verletzt werden. Die Presse achtet das Recht auf informationelle Selbstbestimmung und gewährleistet den redaktionellen Datenschutz.

Religion, Weltanschauung, Sitte: Die Presse verzichtet darauf, religiöse, weltanschauliche oder sittliche Überzeugungen zu schmähen.

Sensationsberichterstattung, Jugendschutz: Die Presse verzichtet auf eine unangemessen sensationelle Darstellung von Gewalt, Brutalität und Leid. Die Presse beachtet den Jugendschutz.

Unschuldsvermutung: Die Berichterstattung über Ermittlungsverfahren, Strafverfahren und sonstige förmliche Verfahren muss frei von Vorurteilen erfolgen. Der Grundsatz der Unschuldsvermutung gilt auch für die Presse.

zu 3 a):

Fall 1: Trennung von Werbung und Redaktion
Fall 2: Wahrhaftigkeit und Achtung der Menschenwürde
Fall 3: Sorgfalt

zu 3 b):

Fall 1: Der Artikel macht Werbung für ein ganz bestimmtes Autohaus. Das ist mit der Trennung von Werbung und Redaktion nicht vereinbar.
Fall 2: Unabhängig von der politischen Meinung des Kommentators verstößt die Aussage, der Tod eines Menschen sei ein Segen, gegen die Menschenwürde.
Fall 3: Die Sorgfaltspflicht der Redaktion erstreckt sich auch auf Leserbriefe. Der Schreiber des Leserbriefes hätte diesen Vorwurf, nachdem er bereits gerichtlich zurückgewiesen worden war, nicht mehr erheben dürfen. Die Zeitung hat die Richtigkeit des Vorwurfs nicht überprüft und damit gegen die Sorgfaltspflicht verstoßen.

© 2008 Cornelsen Verlag, Berlin. Alle Rechte vorbehalten.

Lösungen

Seiten 24 und 25
Konkurrenz aus dem Netz

zu 1:

Kanon der tagesaktuellen Leitmedien: kleine Gruppe der täglich erscheinenden Medien, die einen starken Einfluss auf die Meinungsbildung haben

Reichweiten-Großmacht: Medium, das besonders viele Menschen erreicht

Schwingen der Website: Zusammenstellung bzw. Mischung nachrichtlicher, analytischer und unterhaltender Komponenten

Krawall-Verben: drastische, übertriebene, emotionalisierende Verben

kontinuierliche Updates: regelmäßige Aktualisierungen

Journalismus-Galeere: journalistische Schwerstarbeit

Seiten 26 und 27
Macht und Verantwortung der Zeitung

zu 4:

Berichtigungsanspruch: Die Zeitung muss auf Verlangen eines Betroffenen eine unwahre Behauptung selbst berichtigen.

Gegendarstellungsanspruch: Im Gegensatz zum Berichtigungsanspruch, den die Zeitung vornehmen muss, gewährt der Gegendarstellungsanspruch einem Betroffenen lediglich das Recht, in derselben Zeitung einen Sachverhalt entsprechend seiner Meinung richtigzustellen.

Seiten 32 und 33
Eintauchen und aufdecken

zu 3:

Mit „investigativem Journalismus" bezeichnet man einen enthüllenden Journalismus, der auf Nachforschungen der Journalisten basiert.

Seiten 34 und 35
Intelligente Werbung für intelligente Leser?

zu 2:

d) Das Foto erklärt und belegt die Schlagzeile.
e) Die Formulierung „rätselhafte Kornkreise" könnte den Leser an ein Ufo, an den Besuch von Außerirdischen oder an das Wirken besonderer Kräfte denken lassen.

f) Die kleinere Meldung, „Ferienspiele der Pfadfinder", bietet eine ganz einfache Erklärung für das Phänomen der Kornkreise und entkräftet dadurch die größere Schlagzeile.

zu 3:

Die Werbung bildet einen Verstehensprozess ab. Indem sich ein Leser vielseitig informiert, ist er dazu in der Lage, eine Falsch- oder Sensationsmeldung richtig einzuschätzen.

Seiten 36 bis 39
Haben Zeitungen eine Zukunft?

zu 3:

- Verleger sehen nur in Online-Angeboten ihre Zukunft.
- Sparmaßnahmen führen zur Bedeutungslosigkeit.
- Der Zusammenbruch des Anzeigenmarktes.

Seite 41
Sagen, was Sache ist – wie informierende Texte aufeinander aufbauen

zu 2:

Der Hintergrundbericht ebenso wie die Reportage liefern tiefergehende Informationen und sind nicht ausschließlich durch das Kennzeichen der Tagesaktualität bestimmt.

zu 3:

In beiden Beispielen finden sich Wertungen.

zu 4:

Ein Reportage berichtet ausführlich über ein Ereignis, informiert sachlich über Hintergründe des Geschehens, bietet eine anschauliche Schilderung, die es dem Leser erlaubt, das Geschehen im Kopf mitzuerleben, und enthält auch Wertungen und Kommentare des Reporters.

Seite 42
Wie find' ich denn das? –
anderen die Meinung sagen

zu 1:

Rezension: kritische, positive oder negative Bewertung eines Buchs, eines Films, eines Theaterstücks oder einer CD

Glosse: kurzer, bissiger, witziger, ironischer Kommentar

© 2008 Cornelsen Verlag, Berlin. Alle Rechte vorbehalten.

Lösungen

Kommentar: persönliche Stellungnahme zu einem Ereignis, ausdrücklich wertend
Interview: wörtlich wiedergegebenes Gespräch mit einer Person
Leserbrief: Kommentar eines Lesers zu einem bestimmten Zeitungsartikel

zu 2:
Ich habe Satz Nr. 2 nicht angekreuzt, weil er lediglich die Meinung eines anderen zitiert, der Autor des Artikel nimmt selbst aber keine Stellung dazu.

Seiten 43 bis 46
Journalistische Textsorten für Fortgeschrittene

zu 2:
Text 1: Bericht
Text 2: Reportage
Text 3: Rezension
Text 4: Kommentar
Text 5: Nachricht
Text 6: Nachricht
Text 7: Interview
Text 8: Nachricht
Text 9: Glosse

Seiten 53 bis 55
Erzählung oder Bericht? –
eine Textsorte erkennen

zu 3 und 4:
Es handelt sich um eine Reportage. Typische Merkmale sind der szenische Einstieg, die Hintergrundinformationen, dass Leute zu Wort kommen, direkte Rede, anschauliche Darstellung und Wertungen des Reporters.

Seiten 58 bis 60
Jugendliche im Internet

zu 1:
Der Artikel wendet sich an „verunsicherte" Eltern, die die Gefahren der Internet-Nutzung ihrer Kinder nicht einschätzen können.

Seiten 62 und 63
Spione im Netz – Hintergrundbericht

zu 1:
a) Spezielle Software registriert jeden Tastenanschlag. Aus den daraus erstellten Protokollen können dann alle Aktivitäten eines Nutzers rekonstruiert werden.
b) Sie lassen sich nur schwer finden, weil sie ihre Spuren selbst löschen.

zu 5:
In Deutschland ist die Verwendung solcher Software strafbar, sie wird aber dennoch in Deutschland vertrieben.

Seiten 66 und 67
Die typischen Sieben

zu 3 und 4:
A: Nachricht
B: Bericht
C: Reportage
D: Kommentar
E: Interview
F: Glosse
G: Rezension

© 2008 Cornelsen Verlag, Berlin. Alle Rechte vorbehalten.

Quellenverzeichnis

Textquellen

S. 9: Christoph Drösser, Die n.t.-Ente. © DIE ZEIT Nr. 52, 2002.
S. 24: Robin Meyer-Lucht, Spiegel verkehrt?
Aus: Süddeutsche Zeitung Magazin vom 31.08.2007, S. 8–10.
S. 26: Reinhard Mey, Was in der Zeitung steht.
Aus: „Alle Lieder", Edition Reinhard Mey, Berlin.
S. 30: Christian Schüle, Das süße Gift der Moral.
© DIE ZEIT vom 22.12.2004, Nr. 53.
S. 36: Giovanni di Lorenzo, Es darf auch seriös sein.
© DIE ZEIT vom 24.05.2007, Nr. 22, S. 3.
Aus: http://www.zeit.de/2007/22/Es_darf_auch_serioes_sein
S. 47: Thomas Krone, I, Robot. In: General-Anzeiger vom
14.06.2004.
Aus: www.general-anzeiger-bonn.de/index.php?k=frei&itemid=
10217&detailid=82053
S. 47: dpa/Andrej Sokolow, I, Robot: Will Smith als Roboter-Jäger.
Aus: www.ksta.de/servlet/OriginalContentServer?pagename=kst
a/page=ksArtike&aid=1090950861864
S. 50: dpa, Roboter mit der Lizenz zur Fortpflanzung.
Aus: www.ksta.de/ artikel.jsp?id=1115803686297

S. 50: Ingo Arzt, Mach mir ein Maschinenkind.
In: Süddeutsche Zeitung vom 11.5.2005.
Aus: www.sueddeutsche.de/wissen/artikel/945/52893
S. 53: Ekkehart Eichler, Dribbeln im Dienst der Wissenschaft.
In: Kölner Stadt-Anzeiger vom 08.11.2005.
Aus: www.ksta.de/artikel.jsp?id=1131048410055
S. 56: Ralf Schweikart, Gehe direkt nach Neukölln.
© DIE ZEIT vom 19.05.2004, Nr. 22.
Aus: http://www.zeit.de/2004/22/KJ-Tessnow
S. 58: Katharina Eckstein, Alles muss ins Internet.
In: Kölner Stadt-Anzeiger vom 14.01.2008.
Aus: www.ksta.de/jks/artikel.jsp?id=1200142193909
S. 61 und 62: Patrick Beuth, Viele Spuren führen zur Persönlichkeit.
In: Kölner-Stadtanzeiger-Magazin vom 12.09.2007.
Aus: www.ksta.de/html/artikel/1189361578392.shtml
S. 70: Stefan Ehlert: So lasst uns denn ein Mangobäumchen
pflanzen.
Aus: Berliner Zeitung vom 09.10.2004.

Bildquellen

Umschlagillustration (Vorder- und Rückseite): Maja Bohn, Berlin
Umschlagfotografie:
oben links: Günter Zint/Panfoto, Fahrendorf; oben rechts: Cinetext, Frankfurt am Main; unten links: © Thomas Semmler, Lünen; unten Mitte: picture-alliance, Frankfurt am Main.

S. 9: Bildarchiv Preussischer Kulturbesitz, Berlin; S. 10: (Zeitungsständer) © Thomas Semmler, Lünen; (Zeitschriften) picture-alliance/dpa, Frankfurt am Main; (Handy) © edwood – Fotolia.com; (PC) © Christian Schwier.de – Fotolia.com; © DeshaCAM-Fotolia.com; (Weltempfänger) LOOK-foto/Peter von Felbert, Mün-

chen; S. 28: © BULO, München; S. 32: (Wallraff-Porträt) picture-alliance, Frankfurt am Main; (Wallraff-BILDreporter, Ali) Günter Zint/Panfoto, Fahrendorf; S. 34 und 35: Bundesverband Deutscher Zeitungsverleger, Berlin; S. 44: picture-alliance/dpa, Frankfurt am Main; S. 47: Cinetext, Frankfurt am Main; S. 69: ullstein-bild, Berlin; S. 70: picture-alliance/dpa, Frankfurt am Main.

Nicht bei allen Abbildungen und Texten konnten wir die Rechteinhaber ausfindig machen. Berechtigte Ansprüche werden wir im üblichen Rahmen vergüten.